Un largo y gozoso camino

Colección «EL POZO DE SIQUEM»
161

Anselm Grün

Un largo y gozoso camino

Las claves de mi vida

2.ª edición

Conversaciones con
Jan Paulas y Jaroslav Šebek

Editorial SAL TERRAE
Santander

Título original:
Blízký i vzdálený

Traducción del alemán
(*Mein Weg in die Weite*
Verlag Herder – Freiburg im Breisgau):
Ramón Ibero Iglesias

Diseño de cubierta:
Fernando peón <fpeon@ono.com>

Con las debidas licencias
Impreso en España. Printed in Spain
ISBN: 978-84-293-1548-6
Dep. Legal: BI-1157-08

Fotocomposición:
Sal Terrae – Santander
Impresión y encuadernación:
Grafo, S.A. – Bilbao

Índice

Introducción

Las preguntas hacen que la mente se ponga en movimiento. En mis libros no trato de explicar cosas teóricas ni desarrollar ideas abstractas. Por el contrario, siempre intento contestar a preguntas muy concretas que las personas me han hecho y siguen haciéndome cuando converso con ellas, pronuncio una conferencia o imparto un cursillo. Cuando escribo, generalmente tengo *in mente* a hombres y mujeres cuyas preguntas me estimulan a pensar más profundamente qué respuestas puedo dar a temas fundamentales para ellos y para mí mismo. Entonces intento ponerme en el lugar de esas personas, pues quiero entender qué es lo que las mueve y averiguar cómo puedo mostrarles un camino que, a ser posible, les sea útil.

Algunos de mis libros han sido traducidos al checo desde principios de la década de 1990 por la editorial *Karmelintánské nakladatelstvi,* de Praga, y han alcanzado una notable difusión en Chequia. Por este motivo, hace tres años el P. Jan Fatka, director de la editorial, me propuso un nuevo proyecto, según el cual se trataría de un intercambio de ideas con dos amigos suyos, los cuales me harían una serie de preguntas que yo tendría que responder. Acepté gustoso, y a partir de entonces fui recibiendo regularmente, por correo electrónico, las preguntas de Jan Paulas y Jaroslav Šebek, publicista y redactor respectivamente. Para mí fue a la vez estimulante y divertido contestarlas. Lo hice de una manera absolutamente espontánea y sin filosofar mucho sobre su contenido. Eran preguntas que probablemente no interesaban tan sólo a mis interlocutores, sino también a muchos lectores y lectoras. Si los interlocutores hubieran sido alemanes, probablemente habrían insistido en otros puntos. Pero una mirada un tanto diferente, a partir del trasfondo de una historia que en las décadas posteriores a la guerra siguió un curso distinto del que siguió Occidente, también reviste interés. Después, el editor alemán me formuló otra serie de preguntas, a las que contesté de la misma manera. Este diálogo electrónico me obligó a reflexionar más conscientemente sobre determinadas ideas y a formularlas en términos más claros. Naturalmente, mis conocimientos tienen sus límites, y, como cabe suponer, no tengo una respuesta a punto para cada pregunta. Aun así, como ya he dicho, he contestado de manera espontánea lo que sentía. Naturalmente, un libro de estas características aborda temas que ya han sido tratados en otros. Pero confío en que las respuestas clarifiquen algunas ideas que para algunos lectores y lectoras de anteriores libros míos tal vez quedaron en suspenso y les inquietaron interiormente.

En la primera parte de este libro contesto a preguntas que afectan a mi vida personal. Percibo que muchas de las cosas que digo emanan de mi biografía. No obstante, tengo un cierto reparo en escribir sobre mí mismo. Quiero ayudar a que otras personas encuentren su camino, pero no ocupar el centro ni, en ningún caso, erigirme en modelo. Tampoco tengo conciencia de misionero ni pretendo convencer a todos los seres humanos de que mi camino es el más apropiado. Cuando escribo acerca de mi camino personal, espero más bien que ayude a los lectores y lectoras a seguir su propio camino llenos de confianza. Me siento dichoso si unos y otras, tal vez estimulados por mis pensamientos, descubren un camino espiritual absolutamente personal y lo siguen con la ayuda del Espíritu Santo.

Estoy enormemente agradecido a mis padres, que pusieron los fundamentos de mi fe. Cuando las personas me hablan de sus vidas, a menudo realmente duras, me alegro de que Dios me regalara una infancia bastante dichosa. Naturalmente, como la de cualquier otro, tuvo sus lados oscuros; aun así, vista retrospectivamente, me permite percibir que mi vida espiritual no es mérito mío, sino fruto de experiencias que pude hacer, siendo niño, en el seno de mi familia y en el servicio divino.

Mi vida espiritual está también marcada por los hermanos que, en la década de 1970, se pusieron en camino conmigo para buscar una vida espiritual auténtica. Todos mis hermanos viven de esa búsqueda espiritual. Formo parte de una comunidad. Por eso, también cuando publico libros o pronuncio conferencias, es importante para mí hacerlo como monje de la abadía de Münsterschwarzach. Lo que escribo proviene no sólo de la creatividad propia, sino también de estímulos aportados por mis hermanos. Naturalmente, no les he pedido su opinión al contestar a las preguntas que se formulan en este libro.

En cualquier caso, lo que hay en mí y el depósito del que extraigo mis respuestas tengo que agradecérselo también a otros. Son producto de experiencias de mi niñez, de la convivencia con mis hermanos y de muchas conversaciones con personas que acuden a pedirme consejo y ayuda. A todas ellas les estoy agradecido por sus estímulos.

Si consigo contestar a las preguntas actuales del ser humano de modo que pueda llegar a su corazón y animarlos a seguir en su camino, entonces ha merecido la pena el esfuerzo de escribir. Recientemente recibí una carta de una señora que me decía que, al leer mis libros, tenía la impresión de que yo exponía los pensamientos que ella tenía en el corazón. Siempre que recibo una carta de ese estilo, siento un profundo agradecimiento. En cuanto que formulo lo que hay en mí, deseo expresar lo que preocupa y conmueve a los lectores y lectoras. Por eso espero que las preguntas que me han sido hechas en este libro sean también las preguntas que se hacen muchos de mis lectores y lectoras, y que mis respuestas les ayuden a encontrar una respuesta absolutamente personal.

Para mí, la teología no consiste en ofrecer a las personas algo perfectamente acabado y en lo que deban creer, sino en ayudarlas en cada situación de la vida a contestar a las preguntas de su corazón. No tengo respuestas preparadas de antemano. Tengo que formularlas una y otra vez para que sean válidas para mí. Por eso los lectores y lectoras no deben limitarse a tomar las respuestas que aparecen en este libro y hacerlas suyas sin más, pues han sido concebidas tan sólo como un estímulo para buscar una y otra vez respuestas personales a las preguntas fundamentales de la vida. Si el libro consigue contribuir a esa búsqueda, habrá cumplido su objetivo.

Anselm Grün, OSB
Münsterschwarzach, enero de 2003

1. ¿Cuánto gana un párroco?

De la infancia y la juventud

¿De dónde proceden sus padres?

■ Mi padre nació en 1899 en Essen-Katernberg, en el Ruhr, adonde sus antepasados se habían trasladado por motivos de trabajo. Originariamente procedían del ambiente rural de Eifel. Indagaciones realizadas por mi padre pusieron de relieve que sus antepasados eran judíos españoles que hacia el siglo XVI habían emigrado a la comarca alemana de Eifel huyendo de la persecución. Mi padre trabajó primero en la oficina de una mina, y en 1923 se trasladó a Munich, donde, después de varios intentos, abrió una tienda de aparatos eléctricos.

Mi madre procede de Dahlem, pequeña localidad de Eifel, donde también vivieron todos sus antepasados. Se crió en una granja de la comarca, cuyos ambientes religiosos frecuentó, pues su padre era, además de campesino, organista de la iglesia parroquial y director del coro. Su nombre de soltera era Dederichs, y tenía cuatro hermanos, un varón y cuatro mujeres. El hermano se hizo sacerdote, y una de sus hermanas, misionera. Ella trabajó en la tienda y aprendió a llevar el negocio.

¿No tuvo hermanos su padre?

■ Tuvo en total tres hermanos, un varón y dos mujeres. Su hermano se hizo benedictino y estuvo en Münsterschwarzach; una hermana ingresó en la orden benedictina en Herstell; y la otra, después de ingresar igualmente en la orden benedictina y prepararse como misionera en Tutzing, fue enviada a Manila, Filipinas.

¿Cómo se conocieron sus padres?

■ Mi tío, el benedictino, tenía parientes en Dahlem, en la comarca de Eifel, y allí celebró una de sus primeras misas. Fue entonces cuando se conocieron mi padre y mi madre, que se casaron en 1935, después de seis meses de relaciones. Para entonces, mi padre ya tenía un negocio en Munich, donde, después de casarse, vivió el matrimonio.

Entonces, usted no nació en Munich...

■ No. En 1939, mi padre se hizo una casa en Lochham, cerca de Munich, que fue destruida parcialmente durante la guerra. Como allí la situación era peligrosa, en 1944 fueron evacuados a Junkerhausen, pequeña aldea situada en el Röhn, cerca de Bad Neustadt, donde nací yo el 14 de enero de 1945. Mi nombre de pila es Wilhelm, que es también el de mi padre. Concluida la guerra, volvimos a nuestra casa, donde me crié.

Según parece, su padre era una persona muy inquieta y emprendedora. ¿Puede decirnos algo más sobre él?

■ Mi padre perteneció al movimiento juvenil, pues estuvo en la DJK (Deutsche Jugendkraft), que entonces unía deporte y espiritualidad cristiana, más exactamente católica. Jugaban al fútbol con otras asociaciones juveniles. Pero también tenían tiempo libre e iban de acampada, todo ello bajo el signo de la religiosidad. Entonces, los sindicatos tenían una presencia muy activa en la Iglesia católica de Alemania. En ellos estaba muy difundido el movimiento litúrgico. Además, fomentaban la renovación de la Iglesia. Todos los sindicatos católicos fueron prohibidos después por el Tercer Reich.

Mi padre jugaba al fútbol en la DJK de Katernberg. En el campo de juego, lo más importante para él era la disciplina, que supo inculcársela a sus hijos. Aparte de instruirnos sobre el sentido de la honradez y enseñarnos a controlar nuestra agresividad, su sentido de la disciplina se ponía de manifiesto especialmente en la mesa. Teníamos que comernos todo lo que se nos ponía en el plato.

Mi padre se crió en Kaiserreich y fue llamado a servir en la Wehrmacht en el último año de guerra. Ya había servido en la marina y, después de la guerra, fue destinado a los equipos encargados de localizar minas. Vivió la revolución contra el Kaiser en noviembre de 1918; entonces se hundió el mundo para él. En lo político, creo que se adhirió al Volkspartei, partido popular de tendencia cristiana y situado en el centro. El nacionalsocialismo le parecía brutal. Durante mucho tiempo tuvo escondido, como empleado, a un judío, a quien después ayudó a huir, sano y salvo, a través de la frontera. Fue requerido varias veces por la policía para responder de denuncias formuladas contra él.

Al final se hizo comerciante, ¿no es así?

■ Sí, pero al principio tuvo bastantes dificultades, y después de la guerra el negocio no fue nada bien. La situación económica de Alemania era muy mala, y muchos de sus clientes no podían pagar las facturas. Como mi padre era un hombre muy bondadoso, no forzó el pago de las facturas pendientes y se declaró en quiebra. Cerró el viejo negocio de Munich y empezó otro a un nivel más bajo en la casa familiar. Nuestra sala de estar era la oficina; el almacén estaba en el sótano.

Mi madre cuidaba de los siete hijos y llevaba la casa. Después, cuando el negocio estaba directamente en casa, trataba de ayudar. Abría la puerta a los clientes y hablaba con ellos.

Mi padre tenía un carácter muy afable, no era el típico comerciante. A pesar de ello y de que no estaba obsesionado con ganar dinero, levantó el negocio de la nada. Siempre se mostraba muy hospitalario. Todos los años, por Navidad, invitaba a un estudiante extranjero del Steyler Kolleg, de Munich, Como en los asuntos prácticos era una auténtica calamidad, mi madre se cuidaba de todo lo concerniente a la vida diaria, pues tenía una visión optimista de la realidad. Le gustaba acercarse a las personas y enseguida establecía contacto con ellas. Cuando, ya anciana, sólo conservaba un 4% de la visión, no se lamentaba de ello, sino que, por el contrario, trataba de hacer todo lo que podía. Siempre se mostraba agradecida a la vida, y a nosotros, sus hijos, nos inculcó una actitud positiva en todo.

¿Fue su madre la persona que más influyó en su vida espiritual?

■ No. Mi desarrollo espiritual estuvo marcado más bien por mi padre, que, además de cuidar del negocio, leía mucho, incluso libros de teología. Todos los domingos nos llevaba de paseo y fomentaba en nosotros, sus hijos, el amor a la naturaleza. Mis padres oían misa cada día en la iglesia. Como vivíamos cerca de ella, todos nosotros éramos monaguillos y crecimos en la parroquia. En verano, cuando no se presentaba ningún monaguillo, siempre saltábamos nosotros, que vivíamos al lado.

¿Cómo era la vida de cada día en Lochham en los tiempos de su infancia?

■ Lochham era un suburbio de Munich. Allí convivían personas llegadas de diferentes partes de Alemania. Era más un lugar para vivir, y apenas si tenía tradición. Después de la guerra, mi padre colaboró para que en Lochham se construyera una iglesia católica, pues era algo muy importante para él. Atrás quedaba un largo camino. La iglesia de Lochham fue la primera que se construyó en la diócesis de Munich después de la guerra. Fue en 1947. Recuerdo los actos religiosos que se celebraban tradicionalmente en la iglesia: el Adviento, con la misa a primera hora de la mañana, los días del Triduo Sacro y la Pascua, y las hermosas procesiones de mayo en honor de la

Virgen. Después de Pascua, se celebraban rogativas en las que se recorría en procesión el bosque cercano.

Usted ha dicho que sus padres tuvieron siete hijos; ¿fue usted el mayor?

■ No. La mayor es mi hermana, que no está casada; después vienen cuatro varones, y a continuación dos hermanas. Yo estoy exactamente en medio. Tengo que decir que mis hermanos mantienen buenas relaciones entre sí. Entonces las familias numerosas no eran tan raras como hoy. Nuestra tía, hermana de mi madre, estaba también casada con un muniqués que trabajaba en el negocio de mi padre. Vivían junto a nosotros y tenían seis hijos. Yo me crié con ellos. Cuando viven muchas personas bajo un mismo techo, tienen que respetarse unas a otras para salir adelante. Así se aprende desde pequeño a mantener unas relaciones saludables.

¿Qué recuerdos tiene de su infancia?

■ Nosotros tuvimos una infancia muy feliz. En lo económico, fue, naturalmente, un tiempo más bien precario. Pero disponíamos de un jardín grande y jugábamos mucho. Teníamos mucha fantasía. Nunca nos aburríamos. Evidentemente, organizábamos alguna que otra travesura no demasiado sensata. Si, por ejemplo, nos peleábamos durante un partido de fútbol, mi padre salía de la tienda y, después de colocarnos frente a frente en dos filas, nos hablaba del espíritu deportivo alemán. Acto seguido, teníamos que darnos la mano y gritar: «¡Hip, hip, hurra!» Y en la mayoría de casos todo era tan insignificante, que teníamos que reírnos. Así terminaba la pelea.

¿Cuál era su juego o su pasatiempo preferido?

■ Lo que más nos gustaba era el fútbol. En la escuela primaria aprovechábamos hasta el último minuto que teníamos

15

para jugar. Además, nos gustaban mucho las manualidades. Cuando yo tenía siete años, construí con mis hermanos un estanque en el que introdujimos peces de un lago cercano. Desde pequeño me gustaron las fiestas de toda índole. Cuando, por ejemplo, encontrábamos un pájaro muerto, lo enterrábamos con toda solemnidad. Recorríamos el jardín llevando en procesión una cruz construida por nosotros mismos y, acto seguido, enterrábamos el pájaro.

En Navidad cantábamos villancicos. Cuando era niño, yo tocaba la flauta y a veces acompañaba los cantos con ella. Mi madre tenía una gran sensibilidad musical: en la iglesia entonaba los cantos. Mi padre no tenía tantas dotes musicales y se limitaba a participar. Pero cuando éramos pequeños, nos cantaba tonadas infantiles.

Sus padres procedían del campo, donde a buen seguro existen otras tradiciones. ¿Se practicaban en su familia determinadas costumbres; por ejemplo, en Navidad o en Pascua?

■ Nosotros vivíamos el año eclesiástico con mucha intensidad. En adviento nos sentábamos alrededor de la corona y cantábamos. Por la mañana, temprano, íbamos a misa. En Navidad, antes de repartir los regalos, mi padre leía siempre el evangelio. Luego cantábamos, y sólo entonces se abrían los paquetes de los regalos. En el día de Reyes inundábamos toda la casa con incienso. En el tiempo de ayuno renunciábamos a todo tipo de dulces y guardábamos los caramelos en una caja, que no abríamos hasta Pascua. En Semana Santa pintábamos huevos de Pascua. Nuestros padres los escondían en el jardín, y en Pascua nosotros, los hijos, los buscábamos.

¿Hacía usted excursiones?
¿Visitaba, por ejemplo, a sus abuelos?

■ Cuando mis padres se casaron, sus padres ya habían muerto. O sea, que no he conocido a mis abuelos. Sólo conocí a los parientes que vivían en la comarca de Eifel, pero esto fue a partir del año 1957, cuando hicimos una excursión por los alrededores en nuestra furgoneta Volkswagen.

¿A quién se le ocurrió la idea de comprar una furgoneta?

■ Inicialmente, la furgoneta era para el servicio del negocio. Durante la semana teníamos que llevar los aparatos eléctricos a los clientes. Pero los fines de semana, la furgoneta estaba a disposición de la familia. Con ella hacíamos a veces excursiones a las montañas. El viaje más largo tuvo lugar en 1957, cuando visitamos a nuestros parientes del Ruhr y de Eifel.

Entonces usted ya iba a la escuela. ¿Cómo se las arreglaba?

■ A mí me gustaba la escuela, y fui un buen estudiante. Sólo fui cuatro años a la escuela primaria de Gräfelfing (municipio de Lochham). Entonces ingresé en el internado de Münsterschwarzach, y más tarde estudié en el Instituto de Würzburg, donde obtuve el *Abitur* (título de bachiller).

¿Qué quería usted ser de mayor?

■ Primero quería ser pastelero, pues cuando era niño me gustaban mucho los dulces, que entonces escaseaban. En casa sólo comíamos pasteles caseros los días de fiesta. Después quise ser albañil. Me gustaba construir; por ejemplo, un estanque para peces. Por otra parte, nuestra casa había sufrido desperfectos durante la guerra. Me gustaba hacer reparaciones.

Cuando tenía diez años, expuse a mi padre el deseo de ser sacerdote. Entonces me preparaba para recibir la primera comunión y me lo tomaba muy en serio. Mi padre me preguntó si quería ser sacerdote secular o monje. Entonces yo no sabía exactamente qué era un monje, y le pregunté espontáneamente: «¿Cuánto gana un párroco?» Como lo que me dijo mi padre me pareció poco, repuse que prefería ser monje. Después de todo, tenía un tío benedictino. Él me impulsó a ingresar en el internado de Münsterschwarzach y, después, en el Instituto. A partir de entonces, siempre quise ser benedictino, aunque es verdad que sufrí algunas crisis, especialmente en la adolescencia y antes de terminar el bachillerato. En algún momento también quise ser científico, concretamente biólogo.

Usted ha dicho que su padre leía mucho.
Sin duda, en su casa había una biblioteca.
¿No pensó entonces hacerse escritor?

■ No, cuando era niño no leía mucho. Entonces prefería jugar. En los primeros años de Instituto empecé a leer libros de Karl May; naturalmente, aparte de ello, también libros religiosos; por ejemplo, vidas de santos, como las que entonces se leían en el internado. Pero no era un fanático de la lectura. Más tarde, durante mis estudios superiores, sí que leí mucho.

¿Cómo era la vida en su parroquia?

■ En 1957 éramos un vicariato, y más tarde pasamos a ser una parroquia. Siempre teníamos párrocos jóvenes. Nuestro párroco era una persona con grandes dotes musicales. Cantaba bien, le gustaba la liturgia y siempre la celebraba con gusto. En mi infancia y mi adolescencia, sus sermones me interesaban menos, y recuerdo que a menudo despotricábamos contra ellos. Pero, por lo demás, era un buen hombre. Le gustaba visitar a nuestra familia y a veces nos acompañaba en las excursiones a las montañas. Los párrocos me fascinaban.

¿Por qué?

■ Porque, por ejemplo, organizaban acampadas con nosotros, los monaguillos. Íbamos a los Alpes, y allí pasábamos una semana en tiendas de campaña, celebrábamos juntos los servicios religiosos y dábamos grandes caminatas. Eran tiempos de vida intensa que recuerdo con agrado. Entonces los jóvenes crecían juntos. En mayo se celebraban cada día los actos en honor de la Virgen, algo muy hermoso. Después tenía lugar una reunión de jóvenes. Los jóvenes del lugar se reunían a la entrada de la iglesia, generalmente después de los actos religiosos. La parroquia era una comunidad muy viva y con una buena asistencia espiritual.

En nuestra parroquia, también la liturgia era muy viva. Cuando yo era niño, siempre me sentía atraído por ella. La liturgia de Semana Santa, de Adviento y de Navidad era la que más me afectaba, y también la que más me marcó. Es posible que esa liturgia fuera la que despertó en mí el deseo de ser sacerdote.

¿Participaba usted en peregrinaciones cuando era joven? ¿Tenía usted un lugar de peregrinación preferido?

■ Cerca de Munich, aproximadamente a una hora de camino de mi casa, había un pequeño lugar de peregrinación llamado Maria Eich. Yo iba allí a menudo con mi padre. Cuando era joven, no participé en grandes peregrinaciones. Durante el curso escolar estaba en el internado, y la mayoría de las peregrinaciones tenían lugar durante esos meses.

¿Cuál es el santo de su especial devoción?

■ Naturalmente, san Anselmo, mi patrón. De él se dice que fue la persona más bondadosa de su tiempo. Pero lo que más me fascina de él es su teología, que se basa en la oración. Su programa *fides quaerens intellectum* (la fe que trata de comprender) es también el hilo conductor de mi teología. Cuando era joven, me fascinaban san Cristóbal y san Jorge, dos hombres que no conocían el miedo y asumieron personalmente la responsabilidad de sus vidas.

Volvamos a su parroquia y a los párrocos que tan honda huella dejaron en usted. ¿Hasta qué punto es importante, en su opinión, tener un modelo sacerdotal en la infancia?

■ Para mí, como monaguillo, era sin duda muy importante tener buenos párrocos, párrocos que estuvieran cerca de nosotros. Del contacto con ellos surgió en mí el deseo, cuando tenía diez años, de ser sacerdote, aunque, evidentemente, entonces era muy niño.

Usted habla de su infancia en el seno de una familia muy religiosa y en un ambiente parroquial muy estable, con una tradición muy sólida. Hoy todo eso ya no es algo tan generalizado. ¿Cómo pueden fomentarse las experiencias básicas del hogar y la protección familiar, tan importantes para la vida religiosa, en condiciones sociales difíciles?

■ Ciertamente, hoy es más difícil tener una experiencia positiva del hogar y de la protección en la familia y en la iglesia. Pero en cada persona anida al menos el deseo de tener un hogar y sentirse protegido. Por eso los jóvenes son más receptivos si tienen experiencia de cosas como sentirse protegido y aceptado. Esto puede darse en un grupo de jóvenes, en una clase, y también en un grupo religioso. Hay que tener en cuenta que los grupos religiosos no están abiertos a todas las personas. No llegan al grueso de la juventud. Por eso es tanto más importante que la Iglesia transmita experiencias de la familia y la protección allí donde tiene contacto con la juventud –por ejemplo, en la preparación para la primera comunión y para la confirmación–, no sólo a través de buenas relaciones, sino también mediante experiencias religiosas que despierten en los jóvenes un sentimiento numinoso. Los jóvenes son sensibles a lo secreto y numinoso, pero lo que se les transmite tiene que ser auténtico.

¿Cree usted que en la actual crisis de vocaciones sacerdotales influye también la falta de modelos de referencia comprensibles y estimulantes para la gente joven?

■ Hoy el problema consiste en que apenas si hay párrocos en las parroquias. Tampoco hay sacerdotes que trabajen con la juventud. Los párrocos tienen cada vez menos tiempo y, además, la diferencia de edad es muy grande. Hoy también hay muchos buenos sacerdotes. Pero los jóvenes tienen la impresión de que éstos apenas tienen tiempo, pues han de atender a tres parroquias a la vez. En cuanto personas, los sacerdotes son modelos exactamente igual que entonces, pero ya no están tan cerca de la gente joven. Con toda seguridad, ésa es también una de las razones de por qué cada vez hay menos vocaciones sacerdotales.

Su tío le señaló el camino para ingresar en el internado de los benedictinos. ¿Cómo era la vida allí?

■ Durante los cinco primeros años estuve en los internados conventuales y en la escuela monacal de Sankt Ludwig y Münsterschwarzach. Allí los profesores eran muy estrictos, pero yo no tuve problemas con ellos; aprendí a aprovechar el tiempo y a estudiar con eficacia. Los cuatro últimos años los pasé en el internado de los benedictinos en Würzburg, pero fui al Instituto estatal. Allí, en contacto con otros alumnos, se consolidó en mí la decisión de hacerme benedictino.

¿Cómo fueron esos contactos?

■ Los contactos tuvieron su origen en el hecho de que entonces nos estaba permitido pensar por nuestra cuenta, y no teníamos que limitarnos a repetir las viejas respuestas. Para mí fue muy fructífero ese derecho a pensar por mí mismo y también a poner en entredicho algunas ideas que hasta entonces eran tabú.

¿Tubo alguna asignatura preferida en el Instituto?

■ Me interesaba de manera especial la biología, y por eso en Navidad me regalaron un microscopio. Me atraía la relación de la teología con las ciencias naturales. Las matemáticas se me daban muy bien, al igual que el latín y el griego. En las tres asignaturas obtenía siempre un uno (equivalente a 10 en el sistema español).

¿Se interesaba ya entonces por la psicología?

■ Entonces, la psicología aún no era muy importante para mí. Ante todo, quería extender mis conocimientos hacia fuera y no me ocupaba mucho de la *psique.* Mi ambición como futuro teólogo era conocer los ámbitos de este mundo.

¿Qué persona o qué libro atrajo entonces su atención?

■ Me atrajo sobre todo el profesor de religión Karl Heinrich. Él nos explicó la doctrina del concilio sobre el mundo moderno. Se trataba del debate entre la antigua teología, sometida a la Escolástica y provista de un sistema claro, y la nueva teología, tal como la desarrollaron en especial Congar, de Lubac, Rahner y Küng. De pronto desaparecieron las respuestas claras. Se buscaron posibilidades de diálogo con ciencias sociales como la psicología o la sociología. Este profesor fomentó mi vocación sacerdotal.

Aparte de las lecturas obligadas en la asignatura de alemán, siempre me interesaron libros que explicaban la relación entre las ciencias naturales y la teología, como, por ejemplo, los de los jesuitas Overhage y Hass, que eran teólogos y biólogos.

Paul Overhage era profesor de biología en la escuela superior de Sankt Georgen, que la orden tiene en Frankfurt. Escribió algunos libros sobre el tema de la evolución y la aparición del ser humano, que se publicaron a finales de la década de 1950 y principios de la de 1960. Entre ellos recuerdo, por ejemplo, *Die Evolution des Lebendigen* [La evolución de los seres vivos] y *Um das Erscheinungsbild des ersten Menschen* [Sobre la imagen fenoménica del primer ser humano]. Adolf Haas era el otro jesuita, que escribía libros similares, como *Die Entwicklung des Menschen* [El desarrollo del ser humano] y *Das stammesgeschichtliche Werden der Organismen und des Menschen* [El devenir filogenético de los organismos y del ser humano]. Naturalmente, también me fascinaba la personalidad de Karl Rahner, pero en mis años de Instituto apenas si le entendía. Además, me gustaba leer libros de historia, como *La Biblia tenía razón*.

En esa época se publicó la encíclica papal «Divino afflante spiritu», en la que se permitió por primera vez distinguir en la Biblia los diferentes géneros literarios. Esta encíclica reconoció los descubrimientos de la moderna ciencia bíblica. ¿No fue un poco tardía la publicación de esa encíclica?

■ Ciertamente, era hora de que la encíclica permitiera a las ciencias bíblicas aplicar los modernos métodos científicos a la Biblia, pues, de lo contrario, los exegetas católicos habrían dejado de ser creíbles y de tener autoridad.

En las dos últimas décadas, la fe y la ciencia han sido contrapuestas muy a menudo de una manera muy poco sensible. ¿Cómo vivió usted, en cuanto joven estudiante, esa tensión? ¿Consiguió resolver para su propio uso algunos problemas en este campo?

■ Para mí siempre fue importante cultivar el diálogo entre las ciencias naturales y la teología. A decir verdad, se han desplazado los centros de gravedad. Al principio, para mí era importante armonizar la biología y la física con la teología. Entonces percibí que los resultados de las ciencias naturales en el ámbito de la evolución no eran tan importantes para la teología como pensaba antes. En la última época de mis estudios, la psicología fue para mí la verdadera interlocutora de la teología. Deseaba investigar el trasfondo vivencial de las palabras teológicas.

¿Tenía tiempo para sus aficiones después de estudiar?

■ Mi afición era la fotografía; yo mismo revelaba mis fotos. Durante las vacaciones, además, realizaba largas excursiones en bicicleta, acompañado de mis hermanos y mis primos. Íbamos a los Alpes, y allí acampábamos y escalábamos las montañas. Me gustaba el fútbol, y lo hacía bastante bien.

¿Cómo era en aquellos tiempos su vida espiritual?

■ Como entonces vivía en el internado, asistía a misa todos los días. Además, cada mañana y cada tarde teníamos oración en comunidad; una vez al año, teníamos además ejercicios espirituales. Los ejercicios espirituales, en los que no podíamos hablar, significaban para mí, la mayoría de las veces, una profunda experiencia espiritual. Pero entonces mi vida espiritual estaba fuertemente determinada por la mente y la voluntad. Me impresionaban algunos cantos gregorianos que cantábamos los domingos todos los del convento; por ejemplo, el «Rorate» en adviento, o la «Inviolata» el 8 de diciembre, festividad de la Inmaculada Concepción de la Virgen.

La fe era para mí algo evidente. Pero yo quería una fe sincera y no superficial. Ya entonces buscaba mi camino: ¿cómo puedo vivir y formular la fe cristiana en el mundo de hoy? Mi principal meta seguía siendo seguir mi vocación como benedictino.

¿Cuál fue el principal motivo
de su decisión de hacerse sacerdote?

■ En la infancia, el principal motivo para ser sacerdote fue, sin duda, la fascinación que la liturgia y el mundo religioso ejercían en mí. La iglesia era mi hogar; me crié en la iglesia e incluso en vacaciones iba a misa cada día y ayudaba como monaguillo. Antes de obtener el título de bachiller, la motivación de ser sacerdote estuvo fuertemente determinada por la autoexigencia.

¿Adónde quería usted llegar?

■ Yo quería hacer algo por la Iglesia y por el reino de Dios. Por eso me pregunté dónde podía hacerlo en mejores condiciones. Entonces pensaba irme a las misiones; a ser posible, muy lejos, por ejemplo a Corea, con una lengua difícil de aprender.

¿Estuvo enamorado alguna vez?

■ En el internado las relaciones con chicas eran muy limitadas. En la escuela hablaba a diario con chicas, y algunas me atraían mucho. Pero era más bien un sentimiento romántico. Más tarde, durante mis estudios, me enamoré, pero, a pesar de ello, siempre tuve claro que deseaba seguir mi camino como monje y como sacerdote.

Aun así, usted admite que también tuvo dudas.
¿Qué dudas fueron ésas y quién le ayudó a superarlas?

■ Las primeras dudas llegaron en la adolescencia, cuando despertó mi sexualidad. Entonces me formulé la pregunta de si podría vivir sin una mujer. No hablé con otros de mis problemas, sino que busqué respuestas en lo que los educadores decían y habían vivido con anterioridad. Antes de acabar el bachillerato me pregunté si no debería hacerme jesuita, en vez de benedictino. En aquellos momentos, los jesuitas me fascinaban, pues entre ellos había conocidísimos teólogos. En cambio, temía no poder desarrollar mis facultades como benedictino. Entonces hablé de ello con mi padre, que me explicó con entusiasmo las posibilidades de un benedictino y me citó a su hermano como ejemplo de todo lo que un benedictino podía hacer en la Iglesia y en el mundo.

Y así, después de algunas dudas, decidí hacerme benedictino. Llegué al convencimiento de que esta comunidad podía ofrecerme muchos estímulos capaces de alimentar en el futuro mi interés por la vida elegida. Ingresé en esta orden, porque se dedicaba al trabajo misionero, pues este trabajo siempre ejerció en mí una poderosa fuerza de atracción. No quería limitarme a conquistar únicamente horizontes estrechos.

*¿No temía que algún día pudiera echar en falta
la vida de familia?*

▓ En el noviciado y más tarde, durante la carrera, sentí a menudo deseos de tener una mujer. Temía que una comunidad de hombres nos impidiera dar fruto. Pero luego, cada vez que me planteaba la idea de casarme, percibía que, en ese caso, una parte esencial de mí no podría vivir. Y entonces me asaltaba el temor de aburguesarme, de quedar harto, en vez de seguir luchando.

¿Se considera una persona sociable?

▓ Gracias a mi vida en una familia numerosa, pues éramos siete hijos, después en el internado y por último en el convento, siempre viví en comunidad y siempre me sentí a gusto. Y me llevaba bien con todos. Pero también necesitaba espacio para mí mismo. En nuestro convento encontré ese espacio.

2. Como alemán, me siento culpable
De los estudios de teología, el Concilio y Hitler

La orden benedictina, en la que usted ingresó, pertenecía, por así decirlo, a una especie de tradición familiar. Mirando retrospectivamente, ¿qué tienen de especial los benedictinos? ¿Qué diferencia a esta orden de las demás? ¿Por qué ingresar en esta orden y no en otra?

■ Cuando uno ingresa en un convento benedictino, ingresa en una comunidad concreta, en la que permanece durante toda su vida. Y la orden de los benedictinos no fue creada para una función determinada, como ocurre a menudo al principio de la historia de otras órdenes, sino para vivir cristianamente juntos, para buscar juntos a Dios. Por lo tanto, los benedictinos están abiertos a todos los trabajos. Pero lo determinante no es el trabajo hacia fuera, sino la vida auténtica. Para mí es importante seguir mi camino junto con otros. Eso le mantiene a uno vivo. Y eso hace que el trabajo sea fructífero. Naturalmente, el trabajo también es una parte esencial de la vida benedictina. No en balde, «ora et labora», reza y trabaja, es uno de nuestros lemas más representativos. Aun así, no estamos sujetos a un trabajo, sino que podemos decidir con cierta flexibilidad a qué necesidades de las personas queremos dar respuesta.

¿Qué significó concretamente para usted ingresar en el noviciado?

■ Yo ingresé en el noviciado en 1964, y entonces se abrió un mudo totalmente nuevo para mí. Ya levantarme poco antes de las cinco de la mañana me costaba un considerable esfuerzo.

Y llevar el hábito de monje me resultaba extraño. Pero era muy exigente conmigo mismo y lo hacía todo como los demás monjes, para parecerme a Cristo. Como he dicho, entonces mi vida espiritual estaba determinada por la voluntad y la exigencia.

¿Hasta qué punto es saludable la exigencia como motivo de la vida espiritual y a partir de qué momento empieza a ser peligrosa?

■ Los primeros monjes decían que la exigencia impulsa a un monje joven a ejercitarse en la disciplina y a luchar con sus pasiones. La exigencia me estimula a trabajar con esmero, a leer mucho y a prepararme bien para pronunciar un sermón. Pero esa exigencia puede convertirse en una trampa si soy insaciable, si me esfuerzo cada vez más y quiero hacerlo todo a la perfección. Entonces la exigencia se convierte en una presión que me impone un esfuerzo excesivo. Y ya no me preocupo de Dios, sino de mí mismo y de mi buena reputación.

Usted estudió la teología inmediatamente antes de que se iniciara el Vaticano II. ¿Cómo percibió la atmósfera del Concilio? ¿Qué fue lo que más atrajo su atención?

■ Cuando empezó el Concilio, yo estaba en el Instituto. Nuestro profesor de religión me hablaba siempre, profundamente entusiasmado, del concilio como punto de partida de una etapa innovadora. Cuando ingresé en el convento, el Concilio estaba celebrándose. Para mí era una atmósfera de libertad. Por fin, los teólogos podían decir lo que pensaban sin que sus investigaciones se vieran coartadas por prohibiciones, y sus libros ya no serían prohibidos por ese motivo. Pero al mismo tiempo percibí una nueva fuerza innovadora. La Iglesia y el cristianismo desarrollaron una nueva conciencia basada en la confianza. Los teólogos participaban activamente en los procesos sociales. Percibían el mundo, el desarrollo de las ciencias naturales, de la cultura y de la sociedad, y reflexionaban sobre todo ello desde la perspectiva de la fe. Recuerdo cómo nuestros ojos brillaban cuando el profesor de religión repitió las conocidas palabras de Juan XXIII, según las cuales debíamos abrir las ventanas para dejar que en la Iglesia entrara aire fresco. El lado oscuro de este fenómeno consistió en que en 1966 abandonaron la comunidad los primeros hermanos. Así, el impulso hacia adelante se vio frenado de momento por una oleada de abandonos que nos inquietaron.

Yo estudié teología entre los años 1966 y 1971. Fue una época de auge teológico y de vivo interés. La innovadora tendencia espiritual que surgió tras el Vaticano II me influyó profundamente. Queríamos cambiar el mundo. Yo quería encontrar un nuevo lenguaje para la teología y seguir desarrollando las ideas del Concilio. Había dos textos de éste que me atraían de manera especial: la constitución pastoral *Gaudium et Spes* y la declaración *Dignitatis Humanae,* sobre la libertad religiosa. De la constitución *Gaudium et Spes* extraje la idea de que la Iglesia quiere asumir la responsabilidad de este mundo y puede ser para este mundo una fuente de seguridad y de esperanza.

Usted ha dicho que buscaba un lenguaje en la teología. ¿Por qué estaba descontento del anterior lenguaje teológico?

■ Percibía el lenguaje teológico como un lenguaje interior, un lenguaje que el mundo circundante no entiende. Lo comprendí con dolor cuando intenté explicar a mis hermanos el tema de mi tesis doctoral y mi aspiración. Entonces tuve que idear un lenguaje que mis hermanos entendieran. Esto se convirtió en un constante estímulo para mí: revisar una y otra vez mi lenguaje y ver si también lo entendían los que no eran teólogos.

¿Hasta qué punto es importante para la teología y para la comprensión del evangelio el lenguaje de la teología? ¿Qué función debe cumplir ese lenguaje?

■ No se puede separar el contenido de un mensaje del lenguaje utilizado en su transmisión. En el lenguaje se manifiesta nuestra experiencia. Para el poeta judío Paul Celan, una fe sin lenguaje es algo tan carente de sentido como un lenguaje sin fe. El lenguaje hace que lo indecible se convierta en palabra y se haga presente en el corazón humano. Para mí, el lenguaje de la comunicación tiene que estar lleno de respeto al secreto, debe ser prudente y respetuoso. Debe favorecer la relación con el oyente. Construir una casa en la que el oyente o el lector pueda sentirse a gusto, en la que encuentre expuesto en palabras todo lo que su corazón aún no ha captado de palabra, pero siempre ha sabido.

El lenguaje también nos revela al ser humano. En el lenguaje de una persona reconocemos si ama, si se ve a sí misma con sinceridad y está en paz consigo misma, si desprecia al ser humano, si es dura y despiadada. A veces me sobrecoge el lenguaje de algunos teólogos. Llevados de su intelectualismo, no se dan cuenta de que, en definitiva, con su lenguaje sólo hablan para ellos mismos. Y con harta frecuencia el que toma la palabra es un corazón rencoroso, confuso y amargado.

Usted siguió interesándose por la teología una vez concluidos sus estudios...

■ Terminé mis estudios en el año 1971 con una licenciatura en teología. Después estuve preparándome durante tres años para el doctorado. Entonces, los exégetas alemanes –tanto católicos como evangélicos– ocupaban puestos destacados en este campo, y leí toda una serie de autores: Schnackenburg, Bultmann, Vögtle, Schlier, etc. Quedé sorprendido al comprobar las cosas que uno podía encontrar en la Biblia. Esto demuestra no sólo mi curiosidad y mi avidez de saber, sino también mi voluntad de acercarme al Jesús histórico y formular preguntas que la Biblia despierta hoy en mí.

¿Que cuestiones filosóficas y religiosas le interesaban más por entonces?

■ Mi interés se centró primero en la filosofía existencial, pues respondía a mi actitud ante las preguntas del hombre moderno. La filosofía existencial –Heidegger, Sartre o Camus, por ejemplo– ha puesto ante los ojos del ser humano su verdad sin tapujos. Y ha fertilizado la teología, pues ha dejado al descubierto las condiciones del ser humano, en función de las cuales habrá que predicar la palabra de la buena nueva. Ha exigido a la teología que no siga ignorando al ser humano y su existencia, sino que penetre en el ser humano con sus anhelos y temores. A decir verdad, la filosofía existencial no ofrece teorías sobre el ser humano, sino que describe al ser humano concreto en su lucha por dar sentido a su vida.

¿Dónde llegó concretamente a los límites de su razón? ¿Qué le produjo tanto desasosiego?

■ Yo quería saber qué tiene que decirle la teología al ser humano actual, pero algunas respuestas se me escapaban. Pensaba que eso no podía ser todo lo que la teología podía ofrecer con relación a un problema concreto; tenía que contestar a mis preguntas.

¿Cuáles eran esas preguntas?

■ Desde el principio, una pregunta importante para mí era la pregunta de la salvación. ¿Qué significa «salvación»? ¿Dónde la experimento? ¿Qué tiene que ver la salvación con Jesús, con su muerte en la cruz? Esto me inquietaba y me llevó a leer más y más y a elaborar mis propios pensamientos.

Por otra parte, sé que no puedo captar el misterio de Dios mediante la mera reflexión. Tarde o temprano, llega un momento en que tengo que enfrentarme con el Dios incomprensible. En un momento determinado tendría que reconocer que no me podía formar como persona espiritual exclusivamente con mi voluntad. Aquí mi voluntad era ciertamente una buena ayuda, pero a partir de determinado momento tendría que desprenderme de ella para experimentar una nueva libertad en Dios.

¿Qué le ayudó a conseguirlo?

■ A salir de mi crisis me ayudaron, sobre todo, mis profesores de teología; por ejemplo, Magnus Löhrer, Rafael Schulte y Notker Füglister, en quienes percibí una actitud sincera para encontrar una nueva respuesta a las preguntas del hombre actual. En mis zozobras también me ayudaron las conversaciones con hermanos jóvenes que estudiaban conmigo. Y me ayudaron los muchos libros que leí entonces. Cada día leía entre 100 y 150 páginas, y no eran sólo libros de teología, sino también de filosofía y poesía. Esto amplió mis horizontes.

Volvamos de nuevo al Concilio. ¿Que opina usted de teólogos conciliares como, por ejemplo, Karl Rahner, Bernhard Häring, Henri de Lubac, Yves Congar, Edward Schillebeeckx? ¿Quién le atrajo entonces?

■ El que más me atrajo fue Karl Rahner. He leído sus obras e hice mi tesis doctoral sobre él: *A la salvación por la cruz. La aportación de Karl Rahner a una comprensión actual de la salvación.* Abordé el tema de cómo hay que entender que Jesús nos salvó con su muerte en la cruz. Para mí, el tema era la redención y la salvación a través de Jesucristo. En aquel tiempo leí también toda una serie de libros sobre psicología y empecé a estudiar a C.G. Jung. En cierta ocasión, visité a Karl

Rahner y hablé con él de su teología. Me impresionó profundamente la humildad de aquel gran hombre y la sencillez con que se puso a hablar conmigo, sin darse ninguna importancia.

Durante mis estudios seguí también el curso de la teología holandesa; en las revistas holandesas leí, por ejemplo, muchos artículos de Edward Schillebeeckx. Me fascinaron. Durante el concilio, Bernhard Häring me fue más bien ajeno. Empecé a apreciarle más tarde, cuando me enteré de lo mal que le había tratado la Congregación para la Doctrina de la Fe. Durante mis estudios, también leí a los teólogos franceses Henri de Lubac e Yves Congar. Aprecio su capacidad para elaborar una teología actual a partir de los Padres de la Iglesia. Como los Padres de la Iglesia piensan en imágenes, su teología es siempre moderna, pues las imágenes abren una ventana. Y cualquier persona puede mirar a través de esa ventana y ver la misteriosa realidad de Dios. También leí a autores evangélicos como Ebeling, Moltmann, Jüngel y Pannenberg. Ahora que recuerdo, en mi tesis de licenciatura estudié la personalidad del teólogo evangélico Paul Tillich. Leí todos sus libros. También leí a Hans Küng o Hans Urs von Balthasar. Siempre me interesó más la correcta comprensión del mensaje cristiano que las exigencias morales. Además, leí a filósofos como, por ejemplo, Ernst Bloch y Hans-Georg Gadamer. Todo ello enriqueció mi teología.

«A la salvación por la cruz»; a primera vista, no parece fácil transmitir esa visión de la teología de Rahner a personas que tienen dificultad con la Pasión y la cruz ¿Qué hay ahí de «salvador» y liberador?

■ Como he dicho, cuando yo estudiaba, la gran pregunta para mí era: ¿por qué hemos sido salvados precisamente por la cruz? Pero, una vez que entré en el tema, me quedó muy claro que no debíamos fijar obsesivamente la salvación en la cruz. Jesús liberó a los seres humanos de sus ataduras mediante su predicación y su actividad sanante. Y durante su vida aseguró a las personas que les serían perdonados sus pecados. Y, sin embargo, la cruz sigue siendo para mí la síntesis de toda la acción redentora. En la cruz veo con claridad que soy amado sin reservas, que no hay nada que no pueda ser transformado. No hay muerte que no conduzca a la vida, no hay desamparo que no desemboque en confianza, no hay dolor que no pueda convertirse en placer, no hay oscuridad que no pueda ser iluminada. En la cruz se manifiesta con suprema diafanidad el amor de Jesús, que no se detiene ni siquiera ante los asesinos. Es el amor que llega a la plenitud, el amor que abarca todo lo contradictorio que hay en mí. Cuando contemplo la cruz, me despojo de todas las oposiciones y contradicciones que hay en mí.

Entonces, muchos debates giraban en torno a la actividad de Pierre Teilhard de Chardin, quien, al igual que usted, se interesaba no sólo por la teología, sino también por las ciencias naturales. ¿Cómo valoró usted sus esfuerzos por conciliar ciencia y fe?

■ Aprecié a Teilhard de Chardin no tan sólo por sus esfuerzos por conciliar la ciencia y la teología. Para mí, creó una teología mística que tenía su fundamento en una relación nueva con la creación. Teilhard de Chardin unió espíritu y materia de una manera hasta entonces inédita y vio el amor como fuerza motriz de la creación. Abrió mis ojos para que pudiera descubrir y experimentar a Dios en medio del mundo, para que descubriera y experimentara que Dios es un Dios que pone en movimiento la evolución del cosmos y del ser humano hasta que todo desemboque de nuevo en él.

Usted ha mencionado también al teólogo de lengua alemana Hans Küng, que para muchos católicos es un «teólogo deso-

bediente» instalado fuera de la Iglesia, en especial después de su libro sobre la infalibilidad. ¿Cómo lo ve usted?

■ Hans Küng enseñaba en la universidad de Tübingen. Esta ciudad tuvo siempre una tradición teológica muy viva y siempre estuvo vinculada a la modernidad. La teología de Hans Küng no es en absoluto tan moderna o peligrosa como creen algunos. En realidad, es fundamentalmente sólida. Küng entró en conflicto con Roma a causa de su actitud crítica con respecto a la infalibilidad del papa. Pero aquí Küng tampoco dice nada contra la doctrina católica. Él no pretendía poner en entredicho, en términos teológicos, la infalibilidad del papa, sino únicamente advertir a la instancia dedicada al magisterio que procediera de modo inteligente y no retrocediera a la época anterior al concilio.

Ya durante mis estudios en Roma, pude leer la tesis doctoral de Hans Küng, en la que trata sobre la doctrina del teólogo evangélico Karl Barth. Entonces estudié también su libro sobre la Iglesia. Para mí, personalmente, Küng no es un teólogo que esté fuera de la Iglesia. No ha formulado tesis que contradigan determinados dogmas. Su intención era más bien de naturaleza práctica. Su obispo, Georg Moser, se pronunció muy claramente a favor de él. En el caso Küng, detrás de todas las posiciones pueden verse también rivalidades personales, concretamente entre él y Ratzinger. Hans Küng es un sacerdote piadoso que está sólidamente en el seno de la Iglesia y de su doctrina. Al mismo tiempo, es, en cierto modo, obstinado, y a veces arrogante, lo cual ha dificultado la mediación de sus amigos entre él y Roma. Lamentablemente, vanidades y rivalidades por parte de ambos bandos han conducido a retirarle la licencia para enseñar. Esto no debió ocurrir, pues en esta discusión no estaba en juego la teología, sino un conjunto de posiciones personales. Es una lástima, pero es la realidad: detrás de muchas de las acciones de la Iglesia se esconden también resentimientos personales. Además, no todo lo que invoca la Congregación para la Doctrina de la Fe está fundamentado siempre en términos teológicos.

Algunas personas reprochan a Küng que con su teología del ethos mundial relativice el cristianismo; por ejemplo, al situarlo en línea con otras religiones.

■ Para mí, Küng no relativiza la esencia del cristianismo. Con el fenómeno de la ética mundial busca un diálogo de todas las religiones y un consenso sobre principios éticos. Y yo considero que es un asunto muy importante hoy en día, pues precisamente el debate sobre la investigación genética pone de manifiesto que el mundo necesita principios comunes para todos los seres humanos. Küng ha mostrado la importancia de las relaciones –y precisamente también del cristianismo– para el futuro de la humanidad. Eso es algo que debemos agradecerle.

¿Cómo ve usted a los papas del Concilio? ¿En qué se diferencian? En otras palabras, ¿se habría desarrollado de otra manera el Concilio si Juan XXIII lo hubiera terminado y no hubiera muerto poco después de convocarlo?

■ Juan XXIII fue un visionario que tuvo el coraje de convocar el Concilio. Puso muchas cosas en movimiento. Y convenció a las personas con su bondad y humanidad. La realización práctica del Concilio no le resultó fácil. Quería hacerlo todo correctamente y tuvo que admitir dolorosamente que no todos compartían su optimismo. Esto le dolía mucho. Su sucesor, Pablo VI, era todavía, como cardenal Montini, una de las cabezas rectoras del Concilio y, junto con los cardenales Döpfner y Suenens, contribuyó decisivamente a que en el Concilio triunfaran las fuerzas progresistas. Como papa se mostró temeroso, pero aquí se encontró en una situación diferente, pues estaba en medio de dos corrientes. Con su encíclica *Humanae vitae* nos decepcionó profundamente a nosotros, los estudiantes de teología. Ahí cedió a una minoría conservadora. Pero, retrospectivamente, aprecio mucho al papa Pablo VI. Era sumamente inteligente y contribuyó a que las ideas del Concilio terminaran imponiéndose en la Iglesia. Una vez concluido el Concilio, no fue fácil frenar algunos excesos y, al mismo tiempo, impulsar las intenciones del Concilio. Cada uno de estos dos papas tenía su propio carisma y contribuyó a su manera al éxito del Concilio.

¿Cómo valora hoy el Concilio, cuarenta años después de su convocatoria?, ¿Cuál fue su importancia? ¿Aprovechó la Iglesia todas las posibilidades que el Concilio brindó?

■ El Concilio fue una especie de Ilustración para la Iglesia católica. Abrió la Iglesia al mundo actual y le aplicó un nuevo impulso, un nuevo contenido. Lamentablemente, tal impulso se agotó pronto. Los sectores más reacios al cambio acabaron imponiéndose en el seno de la Iglesia. Con toda seguridad, fue una reacción frente a algunos excesos, pues hubo quien entendió erróneamente el Concilio y pensó que en lo sucesivo ya no habría normas y que todo estaría permitido.

A pesar de ello, había que seguir desarrollando las ideas del Concilio, pues llevaban en su interior un contenido intemporal. Así, por ejemplo, cuando el sínodo de Würzburg intentó aplicar las declaraciones y los deseos del Concilio a la situación de la Iglesia alemana, ésta vivió un momento luminoso en su historia. Bajo la dirección del cardenal Döpfner, se luchó entonces por un justo equilibrio entre las fuerzas conservadoras y las progresistas. Aquí reinó una asombrosa atmósfera de diálogo y apertura entre todos. Aunque era más bien conservador por su talante y su formación, el cardenal Döpfner abrió valientemente la Iglesia a las nuevas corrientes, lo que a la postre le llevó a la tumba, pues las fuerzas conservadoras le atacaron con una gran dureza y le acusaron de haber traicionado a la Iglesia. Las personas devotas no supieron ver la brutalidad con que se criticaba y atacaba a obispos tan íntegros y leales como Döpfner.

Entonces usted estudiaba en San Otilio, en Roma. ¿Qué atmósfera reinaba entre los estudiantes y los profesores? ¿Apoyó usted las reformas de la Iglesia o tenía miedo a la evolución futura?

■ Entonces, tanto entre los estudiantes como entre los profesores de San Otilio y San Anselmo de Roma, reinaba un espíritu muy abierto. Todos los profesores apoyaban las reformas de la Iglesia. Y no puedo recordar a estudiantes que entonces estuvieran en contra del Concilio y su nueva apertura.

¿No se asustaron algunos por la pérdida del latín como la lengua más universal en los servicios religiosos? Ciertamente, la lengua latina había otorgado dignidad y nobleza a la liturgia y ahora corría peligro de desaparecer por completo como lengua de la Iglesia.

■ Yo mismo puedo aún recitar de memoria, en latín, los salmos de Vísperas. Y me gusta el latín. Pero no tiene mucho sentido celebrar hoy la liturgia en latín, pues cada vez son menos las personas que lo entienden, y la liturgia debe ser comprensible para todos. En mi juventud, toda persona culta sabía latín. Hoy el porcentaje de personas que conocen el latín es cada día más pequeño. Considero absurdo intentar mantener el latín por un principio abstracto.

Todavía existe un grupo relativamente amplio que preferiría que los servicios religiosos se tuvieran en latín, antes que en su lengua materna. ¿Qué opina usted de esa actitud nostálgica?

■ En el convento, todos los domingos cantamos un oficio de coro en latín. Los cantos antiguos los decimos siempre en latín, pero nunca se nos ocurrió la idea de recitar las oraciones o las lecturas en latín. A la gente le resultaría extraño. El latín tiene sin duda sentido cuando se congregan personas de diferentes naciones y diferentes lenguas. Entonces, el latín puede crear un vínculo común. Pero he comprobado que las personas de otros países saben aún menos latín. En ese sentido, a menudo el inglés une más que el latín. Sólo cuando se trata de cantos es sin duda mejor, y tiene más sentido, interpretarlos en latín, sobre todo cuando son cantos tan artísticos como el canto coral gregoriano o una misa de Mozart o de Bruckner.

Mientras que en los ambientes eclesiásticos los años sesenta estuvieron relacionados sobre todo con el Vaticano II, en las sociedades europeas hicieron acto de presencia diversos movimientos de izquierda. ¿Qué efectos tuvo en usted, por ejemplo, la experiencia de la revuelta estudiantil de 1968?

■ Como he dicho, entre 1967 y 1971 estudié en Roma. Allí me movía sobre todo en los ambientes eclesiásticos. Residíamos en San Anselmo, donde también estaba el colegio de nuestra Orden. No teníamos contacto con los estudiantes de la universidad estatal, y nos hallábamos demasiado lejos de Alemania para conocer el espíritu entonces imperante entre los estudiantes alemanes. Naturalmente, leía lo que decían los periódicos acerca de la revuelta estudiantil. Después, cuando regresé a Alemania, comprobé que los desórdenes estudiantiles también se dejaban notar en nuestro convento. Entonces éramos unos treinta jóvenes estudiantes, la mayoría de los cuales estudiaban en Würzburg. Algunos intervenían activamente en las asambleas estudiantiles y eran representantes de los alumnos. Defendían los intereses de los estudiantes, de modo que muchas ideas también se infiltraban en nuestra vida conventual. Ya no estábamos de acuerdo con muchas viejas tradiciones. Entendíamos que había que eliminar algunas prácticas excesivamente rancias.

Entonces, de una parte había un gran descontento y, de otra, una pugna sincera por un monacato auténtico y una teología que respondiera realmente a las preguntas de la gente. Dialogábamos mucho y elaboramos proyectos para una vida monacal que respondiera a nuestra visión. No todas nuestras ideas eran aprobadas por los hermanos de cierta edad, cosa que sin duda fue positiva. Pero, a pesar de todo el revuelo que armábamos, de ese debate sincero también emanaron muchas cosas buenas para nuestra comunidad.

¿Por ejemplo?

■ Buscábamos caminos para nuestra vida espiritual en la dinámica de grupos y en la meditación zen. La dinámica de grupos es una corriente de la psicología que investiga la dinámica de los grupos humanos. Para nosotros, jóvenes monjes, el conocimiento de la dinámica de grupos era importante, pues nos permitía conocer mejor los procesos de los grupos en nuestra comunidad. Y, de hecho, nos ayudó a organizar mejor nuestras conversaciones. Nuestra comunidad tenía que aprender, ante todo, a hablar e incluso a discutir. Si entiendo algo de la dinámica de grupos, entonces no me sorprende que aparezcan rivalidades en las que se escenifican luchas por el poder.

¿Por qué buscaron ustedes –me refiero a usted y a sus hermanos– nuevos caminos para su vida espiritual en la meditación zen?

■ Cuando llegué al noviciado, se nos introducía sobre todo en el método de la contemplación desarrollado por san Ignacio de Loyola y la escuela francesa de Saint-Sulpice. Era más bien un método discursivo. Teníamos que meditar en un texto de la Biblia y luego formular un propósito para el día. Pero aquello era demasiado intelectual. Nos fascinó el silencio puro de la meditación zen. Durante los estudios, realizábamos constantemente actividades intelectuales. Por eso era bueno permanecer simplemente en silencio durante la meditación y acceder al espacio interior de la calma a través de ese silencio. Gracias a la meditación zen, encontramos de nuevo al acceso a las formas de meditación del primitivo cristianismo. Ya entonces se meditaba, pero no a través de la reflexión, sino a través de la atención en la respiración propia y una palabra o «mantra» que unía a la persona con la respiración.

De esa sincera búsqueda nos alimentamos todavía hoy, pues todos los folletos que hemos publicado en el convento de Münsterschwarzach fueron fruto de esa lucha, presidida por el deseo de unir la tradición del monacato con las actuales ideas psicológicas y sociológicas o con las experiencias de la vida.

¿Puede decirse que en los años sesenta del siglo XX se produjo un cambio en las relaciones entre la Iglesia y la sociedad?

■ Con la revolución de los estudiantes cambió, de hecho, la relación entre la Iglesia y la sociedad. El Estado perdió influencia en esta última. Entonces surgió la llamada oposición extra-parlamentaria. Los partidos y el Parlamento ya no eran realmente el lugar de debate. Los estudiantes y los intelectuales jóvenes se apoderaron de la formación de opiniones. Indudablemente, el papel del Concilio ahí fue menos importante, pero sirvió para aumentar la separación entre el Estado y la Iglesia.

Por otra parte, durante esa época en los países de Europa oriental imperaba el régimen comunista, que perseguía a la Iglesia y todas las iniciativas independientes de los ciudadanos. ¿Tenía su orden hermanos al otro lado del «telón de acero»? Y, en caso afirmativo, ¿estaban en contacto con ellos?

■ Nuestra comunidad pertenece a los benedictinos misioneros. Consiguientemente, teníamos contacto sobre todo con África, Sudamérica y Corea. Nuestros hermanos, que antes de la guerra trabajaban en Corea del Norte y en Manchuria (actualmente integrada en China) fueron hechos prisioneros, y algunos murieron a manos de los comunistas. Los prisioneros regresaron en 1953 y, naturalmente, nos contaron muchas cosas de la dictadura comunista en China y Corea del Norte. En cambio, con los hermanos de Polonia y Chequia no teníamos contacto. La única excepción eran los benedictinos de Pannonphalma, Hungría. Durante todos aquellos años, les ayudamos económicamente. Y siempre les enviábamos los folletos para que pudieran beneficiarse de nuestras ideas.

¿Cómo percibía usted el comunismo?

■ En la escuela y en mis primeros años de carrera, el comunismo fue siempre para mí algo malo. Me habían inculcado la idea de que los comunistas oprimían y explotaban a las personas. Cuando la Sociedad Paulina inició un diálogo serio entre filósofos marxistas y teólogos cristianos, empecé a contemplar las ideas comunistas de acuerdo con una perspectiva más diferenciada. Pero nunca he estudiado el tema muy a fondo. No era algo que me interesara de manera especial.

No obstante, los acontecimientos en torno al hundimiento del comunismo en Europa oriental también debieron de afectarle de alguna manera. En cualquier caso, usted está involucrado en el caso del tristemente célebre muro de Berlín.

■ Seguí muy de cerca los acontecimientos del año 1989. En otoño de ese año estuve en la República Democrática Alemana para impartir un cursillo a directores de ejercicios espirituales en la Iglesia evangélica. Entonces ya se percibía que algunas cosas habían empezado a moverse. Aun así, nadie había contado con que el muro se iba a venir abajo tan pronto. Para mí fue un milagro. Como quiera que el muro cayó gracias a las demostraciones de los lunes, que habían partido de grupos eclesiales y tenían su origen en las plegarias por la paz, se podía creer que, efectivamente, Dios había intervenido en el asunto. Algo similar me ocurrió con la «revolución blanda» de Praga. Estoy profundamente agradecido a Dios por haber obrado ese milagro. Pero también me consta que sobre nosotros pesa la responsabilidad de qué hacemos con los milagros.

¿Está relacionado el nombre del actual papa, Juan Pablo II, con el hundimiento del comunismo? ¿Qué recuerdos evoca en usted la elección de Karol Wojtyla como papa? ¿Qué pensó usted entonces de este hecho?

■ La elección de un cardenal polaco fue para mí un signo de la modernidad de la Iglesia. Nombrar papa a un cardenal no italiano requirió coraje. Y lo que se podía leer entonces sobre el cardenal Wojtyla en los periódicos permitía abrigar esperanzas de que iba a empezar una época marcada por una actitud más abierta. Además, él rompió valientemente con algunas tradiciones y dio muchos y muy importantes pasos en el ámbito del ecumenismo y del diálogo entre las religiones. Realizó numerosos viajes y escribió personalmente las encíclicas. Por lo que sé, los obispos alemanes apoyaron la elección del cardenal Wojtyla para ocupar la silla de Pedro.

¿Cómo valora usted hoy su gestión? Concretamente, ¿qué es lo más importante que ha aportado a la Iglesia de nuestro tiempo su pontificado y cuáles son, en su opinión, las causas de las tensiones entre el papa y un sector de los teólogos y los obispos alemanes?

■ El papa Juan Pablo II es, sin duda, una personalidad muy fuerte y fascinante. Incluso ahora, cuando ya es un anciano, tiene una enorme energía. Su gran mérito consiste, indudablemente, en haber contribuido decisivamente a que la ideología comunista perdiera el poder. No es fácil, históricamente hablando, demostrar su participación en el hundimiento del sistema comunista, pero pienso que tuvo una participación esencial. Todo lo que el papa dice sobre asuntos económicos y sociales es siempre sumamente moderno. Aun así, no puedo precisar en qué medida esos procesos y esas reacciones dependen del papa, como no sé hasta qué punto las fuerzas conservadoras de Roma utilizan las frecuentes ausencias del papa para escenificar sus batallitas por el poder. En mi opinión, es una lástima que la teología romana se limite sobre todo a cuestiones de moral. En el ámbito de los dogmas no se oyen muchas cosas nuevas. Aun así, en las cuestiones morales insiste excesivamente en los temas de la sexualidad y el celibato. En este punto estamos por detrás de los años sesenta y su desarrollo teológico.

¿Podría hablar usted en términos más concretos?

■ Uno tiene la impresión de que en Roma no son muy sensibles cuando se ocupan de temas como el matrimonio de personas que se han separado, o de las mujeres que se enfrentan al problema del aborto. Los obispos alemanes, que durante años han luchado por disponer de un camino viable, cosa que no les ha resultado fácil, fueron tratados allí como escolares. Esto hirió seriamente incluso a obispos conservadores. Los teólogos alemanes tienen la impresión de que ya no pueden seguir investigando libremente, sino que en Roma fuerzas anónimas denigran inmediatamente a quien se atreve a manifestar una opinión que no es del agrado de sus teólogos conservadores. Por este motivo, los teólogos alemanes sienten ahora una profunda desconfianza frente a Roma. Esto no es especialmente constructivo para ninguna de las dos partes.

El Este y el Oeste han estado separados por el telón de acero durante cuarenta años. ¿Cómo pueden contribuir a la verdadera unión de Europa las experiencias espirituales que han hecho las Iglesias del Este y del Oeste?

■ Las Iglesias de ambos lados del telón de acero tuvieron experiencias diferentes. Conozco poco la situación en el Este como para poder contestar con fundamento. Por eso me limitaré a mencionar tres impresiones personales. La Iglesia en la antigua Alemania oriental era un verdadero gueto. Esto significa, entre otras cosas, que las pequeñas comunidades locales vivían en condiciones de cierta seguridad. Sin embargo, después de los cambios del año 1989 no se produjo ningún nuevo crecimiento de la fe, y el ancho mundo que entonces se abrió de repente provocó una sensación de inseguridad en esas comunidades. En cambio, en Polonia la Iglesia era fuerte e influyente, lo que, sin embargo, hizo que su estructura siguiera siendo conservadora y autoritaria. Por lo tanto, ahora tiene que adaptarse igualmente a las nuevas condiciones de una sociedad abierta. En Bohemia la Iglesia fue perseguida y oprimida con saña. Esta situación exigió mucho valor por parte de los cristianos. Tuvieron que defender su fe en condiciones difíciles, a menudo en la clandestinidad, lo que, sin embargo, hizo que descubrieran poco a poco qué comunidad era sólida, desde el punto de vista religioso, y qué comunidad no lo era. Después, los cambios sociales significaron para la Iglesia una gran oportunidad de brindar espacio a las personas que lo necesitaban y buscaban. Precisamente en sus estudiantes percibí un gran deseo de espiritualidad y de valores religiosos.

En mi opinión, para el encuentro entre el Este y el Oeste es importante que la Iglesia occidental preste mucha atención a lo que le diga la Iglesia oriental, y a las experiencias en el ámbito de la fe que pueda ofrecerle. Tiene que esforzarse en hablar con ella, en mantener un diálogo común y en encontrar un lenguaje común para las cuestiones de fe, un lenguaje que sea también comprensible para las personas que nunca estuvieron en contacto con el cristianismo. Esta llamada es importante tanto para el Oeste como para el Este.

¿A qué peligros o tentaciones tuvo que hacer frente la Iglesia en Occidente durante la época del telón de acero?

■ En Occidente, la Iglesia estaba amenazada por la progresiva secularización y por el retroceso del número de creyentes. En cambio, las relaciones exteriores fueron favorables para el desarrollo de la Iglesia. Precisamente en Alemania, la Iglesia tenía mucho dinero e influencia social y por eso pudo llevar a cabo importantes proyectos. Puso en marcha numerosas campañas de ayuda a las Iglesias del llamado Tercer Mundo. En el propio país consiguió, asimismo, fundar una serie de instituciones educativas. Aparte de esto, la Iglesia participó en diversos proyectos sociales que aportaron muchas cosas buenas. En líneas generales, puede decirse que todas las experiencias de una fe realmente vivida son importantes para el conjunto de la humanidad. Así pues, la Iglesia actual tiene la urgente tarea de reconocer los signos de los tiempos y darles una respuesta enraizada en la fe.

¿Puede presentar usted un ejemplo concreto?

■ Claro que sí. En la Europa actual, las diferentes Iglesias deberían contribuir sobre todo a la comprensión y la reconciliación. Los obispos alemanes y polacos, por ejemplo, contribuyeron con su declaración conjunta al proceso de reconciliación entre el Este y el Oeste. Dentro del proceso de unificación europea, la Iglesia debería servir no tanto a la igualdad organizativa cuanto al proceso de unificación mismo mediante actividades espirituales, al aumento del respeto mutuo entre los diversos pueblos y al aprecio de la diversidad y de las tradiciones espirituales y culturales existentes. Aquí, las Iglesias podrían convertirse en levadura de la unidad y de la paz.

Además, tiene que producirse una reconciliación con el pasado propio. ¿Cómo ha asimilado la gente en Alemania el pasado comunista en la antigua República Democrática y su sedimentación en la mentalidad de las personas?

■ En Occidente, en el movimiento estudiantil de los años sesenta se podía apreciar una admiración por el socialismo. El hundimiento del comunismo hizo que se extinguiera esa admiración. Muchas ideas socialistas pertenecen ahora al pasado. Por el contrario, en la antigua Alemania oriental se aprecia una nostalgia por el pasado comunista. Muchos anhelan los viejos tiempos en que el Estado se cuidaba de ellos. Aun así, no han olvidado el precio que tenían que pagar por ello. Tengo la impresión de que aún no se ha encontrado una tercera vía entre nostalgia y eliminación de las ideas socialistas, una vía que permita abordar de una manera positiva los ideales comunistas y su perversión a cargo de un sistema autoritario.

Y aún hay un segundo problema. En Alemania, el Este y el Oeste siguen siendo muros en la cabeza de muchas personas. No se entienden unos a otros. Se tienen envidia. Por consiguiente, se requiere todavía mucho tiempo para que caigan las barreras interiores y puedan hablar unos con otros realmente libres de prejuicios.

El pueblo alemán ya tuvo que afrontar abiertamente su pasado una vez en este siglo. El filósofo de Heidelberg Karl Jaspers también trató la problemática de la culpa y la responsabilidad por los delitos del nacionalsocialismo en su libro Die Schuldfrage [La cuestión de la culpa], *que se publicó poco después de la guerra. ¿Recuerda usted cuándo cobró conciencia por primera vez de este problema?*

■ El debate en torno al pasado nazi empezó inmediatamente después de la guerra. Pero al mismo tiempo se inició un proceso de silenciamiento. La gente prefería dedicarse a la reconstrucción material de la República Federal, antes que asumir la culpa del pasado. Después, en los años sesenta, apareció en Alemania el libro *Die Unfähigkeit zu trauern* [*La incapacidad de afligirse*], en el que se reprochaba a toda la sociedad el que no mostrara dolor y arrepentimiento por el horror del Tercer Reich. Esa incapacidad de sentir dolor condujo al endurecimiento de toda la sociedad, que no podía deshacerse de su oscuro pasado. Yo no viví la guerra, y mi padre actuó en el movimiento de resistencia; pero, aun así, como alemán siento la culpa que pesa sobre nosotros como pueblo, y tengo necesidad de expresar mi profundo pesar por lo ocurrido.

Ya cuando era bachiller –tendría entonces 15 ó 16 años–, percibí el problema que planteaba el pasado alemán. Entonces el tema fue retomado y era abordado una y otra vez, no sólo en los medios de comunicación, sino también en las clases de alemán y de religión. Leíamos con admiración el libro *Draussen vor der Tür* [*Al otro lado de la puerta*], de Borchert, y los libros de Heinrich Böll, que también se había mostrado muy crítico con la actitud de los católicos al querer silenciar el pasado nazi.

Hace un par de años se publicó en Alemania el libro Hitlers willige Vollstrecker [Los obedientes ejecutores de Hitler], *de David Goldhagens, que se ocupaba de las raíces del antisemitismo en la sociedad alemana. ¿Dónde están, en su opinión, las raíces del nacionalsocialismo y su apoyo por parte de amplias capas de la sociedad alemana en los años treinta?*

■ El nacionalsocialismo de Adolf Hitler tuvo sin duda muchas causas. Una de ellas fue, sin lugar a dudas, la humillación del pueblo alemán por el Tratado de Versalles tras la derrota de la Primera Guerra Mundial. Otra fue la existencia de los movimientos de «vuelta a la naturaleza»; por ejemplo, el movimiento llamado de las aves migratorias y la glorificación de la sangre y de la tierra. Hitler, que había desarrollado sus ideas a partir de un complejo de inferioridad, dirigió su mensaje de una raza alemana de señores a ese sentimiento de inferioridad. Y con ello llegó, sobre todo, a personas que no gozaban precisamente de equilibrio. Para mí es sobrecogedor, naturalmente, que también algunos intelectuales cayeran en la trampa de esa primitiva doctrina. Y sigo sin poder comprender la rapidez con que el nacionalsocialismo consiguió crear un sistema de terror que dominó a todo el pueblo alemán.

En Alemania, el antisemitismo siempre estuvo latente. Los judíos que triunfaban tenían que actuar como chivo expiatorio de todos cuantos se veían incapacitados para organizar personalmente sus vidas. Naturalmente, aquí la envidia desempeñaba un papel importante. Entonces, todo un pueblo se negó a ver el lado oscuro de su historia y de su alma. En lugar de ello, se procuró de buen grado un chivo expiatorio sobre el que descargó sus culpas.

El hijo de Martin Bormann, que se hizo sacerdote, dijo en cierta ocasión que algunas personas del entorno de Hitler no habían tenido unas relaciones sanas con su padre. Por eso querían superar ese handicap con su lealtad al Führer. *¿Cree usted que tales sentimientos pueden provocar realmente algo tan horrible?*

■ Para una persona es extraordinariamente importante crecer sano para llegar a ser realmente adulto. Como es lógico, en el curso de ese proceso sufre golpes por parte del padre y de la madre. Hay una ley psicológica que dice que, si uno no quiere ver las heridas de su infancia y enfrentarse a ellas, está condenado a herirse a sí mismo o herir a los demás y, llegado el caso, a generar situaciones en las que se repitan las heridas que sufrió en su infancia. Puedo imaginar perfectamente que Hitler resultaba un personaje atractivo para aquellas personas que de alguna manera habían sido heridas por sus padres. Aquel que ha sido herido por su padre es siempre desconfiado, tiene problemas con las autoridades y, paradójicamente, también será autoritario. El propio Hitler tuvo un padre tiránico. Alice Miller ha explicado en su libro *Am Anfang war Erziehung* [*Al principio fue la educación*] que el padre de Hitler era hijo natural. Y se piensa que su abuelo fue un judío de Graz. El padre de Hitler intentó eliminar exteriormente el estigma de ser hijo natural con una actitud sumamente correcta, hasta el punto de convertirse en un déspota de reacciones imprevisibles. En definitiva, Hitler vertió en su política el odio que tenía a su padre. En lugar de reconocerlo y superarlo, lo arrastró toda la vida. Miller opina que habría podido convertir el mundo en cenizas y nunca se habría liberado del odio a su padre, pues nunca se atrevió a mirarle realmente a los ojos y a reconciliarse con él. Hitler hirió al mundo entero y nunca se liberó de sus propias heridas. El odio a su padre atraía a los hombres que tenían el mismo problema con sus padres.

¿Ha tenido usted experiencias personales con personas que actuaron en el nacionalsocialismo o en la guerra y quedaron marcadas por ello?

■ Muchas personas a las que atiendo espiritualmente tienen ahora en torno a los sesenta años. No todas han vivido la guerra, pero sí sienten profundamente sus consecuencias. Muchas de ellas perdieron a su padre en la guerra, otras tuvieron que huir, y otras debieron hacer frente al hecho de que su padre había sido nazi. Es muy difícil asumir semejante pasado. En el confesionario he atendido a hombres que combatieron en la guerra. Aun así, a menudo he oído expresiones como: «Soy muy malo, soy perverso». Al llegar a la vejez, esas personas han comprendido la culpa y la responsabilidad que asumieron. Algunas de esas personas sufren depresiones y se consideran a sí mismas malas; otras se mantienen tercamente en su actitud, rechazan toda culpa y son muy proclives a ingresar en los partidos de extrema de derecha, que echan la culpa a otros.

3. Nunca hago horas extraordinarias
De la vida en la Orden

¿Qué hizo usted al concluir sus estudios?
¿Ingresó inmediatamente en el convento?

■ En 1971 obtuve la licenciatura en teología y a continuación redacté mi tesis doctoral. Aparte de ello, cuando terminé mis estudios me puse a trabajar con la juventud: por espacio de casi medio año fui educador en nuestro internado de estudiantes, y otro medio año fui rector del seminario de principiantes. En marzo de 1974 terminé el doctorado con la lectura de la tesis en Roma. Después, el abad me pidió que estudiara economía de empresas y asumiera el cargo de *mayordomo* (administrador económico). Para mí fue, de entrada, un *shock,* pues habría preferido seguir en el campo de la teología o en el de la asistencia pastoral extraordinaria. Paralelamente a mis estudios, a menudo pronunciaba conferencias y dirigía sesiones vespertinas de meditación. Sólo estudié economía empresarial dos años. A partir de 1976 trabajé en la administración del convento, y en 1977 asumí la dirección. Mi primer proyecto como administrador fue construir un nuevo albergue, que quedó terminado en 1981. A partir de esa fecha he dirigido en él muchos cursillos sobre temas que después fueron tratados también en los folletos que publica la abadía.

Además de atender a las obligaciones inherentes a la administración del convento, seguí trabajando con la juventud. Casi todos los fines de semana dirigía en el decanato un cursillo para gente joven o para otros grupos. Desde 1974 también hemos ofrecido cursillos en nuestra abadía, que cada vez han atraído a más jóvenes. A partir de 1978, los cursillos han cobrado mayores proporciones, y ahora se organizan en Pascua y en Pentecostés, en las vacaciones de verano y en torno al fin de año. Los cursillos han crecido muy deprisa, pues empezaron con 30 participantes y pronto llegaron a los 250, todos ellos gente joven, en Pascua y fin de año. Confieso que disfrutaba dirigiendo estos cursillos, en los que contaba con la ayuda de varios hermanos jóvenes y monitores y monitoras externos. Además, desde el principio colaboré en la *Schola cantorum.*

Tal vez haya quienes se sorprendan de que alguien que entiende a la gente joven y escribe libros de temas espirituales sea también administrador económico del convento. ¿Cómo consigue conciliar ambas actividades?

■ Ese cargo no me lo he buscado yo. Por el contrario, cuando el abad me pidió que asumiera la tarea, tuve una profunda crisis. No obstante, ahora la realizo con todo mi corazón. Con el tiempo he descubierto que esta tarea me mantiene en contacto con la realidad de la vida diaria: me obliga a contrastar con la realidad todo lo que escribo y todo lo que digo en mis conferencias. ¿Puedo materializar en la cruda realidad de cada día todo lo que digo?

Aparte de ello, veo también la tarea del ecónomo (el *mayordomo,* en el argot de los benedictinos) como una tarea espiritual. Es importante que yo genere un clima humano y que las personas se tomen en serio el trabajo para que disfruten con él. Además, me encanta el tratamiento espiritual del dinero. En definitiva, el dinero debe estar al servicio de las personas. El que maneja el dinero de una manera creativa posibilita la realización de proyectos que despiertan vida en las personas. A nosotros, en el convento, el manejo del dinero con criterio espiritual nos sirve, por ejemplo, para apoyar nuestra actividad misionera y para mantener económicamente la escuela, que cuenta con 750 alumnos de los dos géneros.

Hablando de dinero, en la Iglesia se observan dos posiciones extremas: de una parte, el despilfarro, pues el dinero es visto como algo efímero; de otra, un sentido excesivo del ahorro. Mientras se aportan grandes sumas de dinero para la reconstrucción de edificios sagrados, se escatima en los salarios de los profesores de religión, de los empleados parroquiales y de los colaboradores pastorales.

■ La Iglesia tiene que aprender todavía a manejar el dinero con criterio espiritual. Para mí, manejar el dinero con criterio espiritual significa también manejarlo con criterio creativo e imaginativo. Pero lo determinante es siempre la libertad interior frente al dinero, así como el objetivo que se persigue con él. Como ya he dicho, el dinero debe servir al ser humano. Es natural, por ejemplo, que se invierta en la renovación de los objetos sagrados y que, al hacerlo, se procure que la construcción no sea chapucera. Y eso resulta más caro que un sólido edificio nuevo. Pero todo consiste en encontrar la medida justa. Nuestros ojos tienen que estar siempre abiertos para ver las necesidades de los demás. También una construcción debe servir ante todo a las personas, no a la idea del prestigio propio.

Sus funciones permiten inferir que usted indudables dotes de organizador. ¿Se sirve usted de principios tácticos o actúa en línea recta?

■ Mi punto fuerte no consiste en resolver conflictos de una manera consecuente. Para mí es importante establecer un consenso. Si en una reunión se producen diferencias de opinión acerca de un edificio o una construcción, y esas diferencias suben de tono, siempre procuro que todas las partes implicadas puedan hacer uso de la palabra. Cada persona debe poder exponer su opinión. Y entonces pregunto qué es lo mejor que se puede hacer. Sólo cuando las partes no consiguen ponerse de acuerdo, decido personalmente. En determinadas decisiones, este tipo de gestión exige más tiempo. Pero si todos intervienen, se producen menos pérdidas por fricción.

Usted también es director editorial, ¿no es así?

■ Como director editorial sólo he actuado incidentalmente. Por suerte, teníamos un director comercial que hacía la mayor parte del trabajo. Yo sólo me ocupaba del contenido del programa y, ciertamente, leía muchas pruebas de imprenta. Desde hace tres años, un hermano más joven lleva la dirección de la editorial, lo que significa que yo ya no cumplo ninguna función en ella. Ahora sólo soy autor, un autor que, naturalmente, escribe sobre todo para nuestra editorial, pero también para Herder, para la Kreuz-Verlag y para la editorial de los carmelitas en Praga.

¿Podría usted describir brevemente cómo es su vida diaria en el convento?

■ Creo que en este punto lo mejor es seguir el horario del día. Nos levantamos a las 4,40 de la mañana. A las 5,05 rezamos Maitines y Laudes; a las 5,45, media hora de meditación; y a las 6,15 celebramos la eucaristía. Hacia las 7 desayunamos. De 7,40 a 11,45 tenemos tiempo de trabajo, y a las 12 rezamos las Horas de mediodía. A las 12,20 comemos y, a continuación, tenemos un tiempo de descanso. Entre las 13,30 y las 17 tenemos de nuevo tiempo de trabajo; a las 18, Vísperas; hacia las 18,40, cena y recreo; y finalmente, hacia las 19,35, Completas.

Por lo que a mí respecta, leo antes del trabajo, desde las 7,10 hasta las 8, momento en el que acudo a la oficina. Por la mañana estoy, pues, en la administración, atiendo al correo, mantengo entrevistas, trato con los bancos y las autoridades y recibo a hermanos y colaboradores que quieren hablar conmigo. A primera hora de la tarde trabajo en la casa de acogida, donde acompaño a sacerdotes y hermanos de la Orden. A veces también participo en conversaciones que tienen lugar en el albergue. Una o dos veces a la semana pronuncio una conferencia, siempre por la tarde. En ese caso, no vuelvo al convento hasta la noche. La mayoría de los fines de semana imparto cursillos, bien en el albergue o en alguna otra de nuestras casas de formación.

¿Cuántos hermanos viven en su convento, y cuántos seglares trabajan en él y en qué se ocupan?

■ En el convento de Münsterschwarzach viven unos 100 monjes, pero la comunidad de la orden tiene en total 185 miembros. 50 de ellos trabajan en la misión; o sea, en Tanzania, Kenia, Sudáfrica, Filipinas y Corea. Además, tenemos un colegio en Würzburg, y en Damme una casa de formación en la que viven y trabajan algunos monjes.

El convento tiene unos 280 empleados. Trabajan principalmente en la escuela, el albergue, la cocina, la imprenta, la editorial, la librería, la orfebrería, la agricultura y la jardinería, en talleres como los de pañería, ebanistería y cerrajería, el taller de vehículos, el taller de planchistería, el taller de electricidad, etc. Tenemos unos veinte. A todos los trabajadores se les paga de acuerdo con sus tarifas. Así, la abadía ocupa el lugar del gran empresario que asegura un buen puesto de trabajo a muchas personas. Ésta es una responsabilidad social que asumimos en beneficio de la población. Por consiguiente, en el ámbito del convento hay mucha vida.

A veces, la amplia actividad del convento puede ir en detrimento de la vida interior. ¿Cree usted que en el convento se consigue llevar a cabo el lema de san Benito «ora et labora»? ¿Cómo fija usted el debido equilibrio entre trabajo y vida espiritual?

■ Aquí voy a hablar exclusivamente por mí mismo. Para el sano equilibrio entre trabajo y vida espiritual es muy importante que interrumpa el trabajo una y otra vez, a fin de participar en la oración colectiva. Las tres primeras horas del día son horas de silencio y de oración. Entonces establezco contacto con la fuente interior, de la que luego debe emanar el trabajo. Para mí también es importante desentenderme del trabajo cuando estoy en mi celda. Nunca llevo conmigo el trabajo de la oficina a la celda. Y en la oficina nunca hago horas extraordinarias. Si no consigo terminar mi trabajo, tengo que organizarlo de otra manera.

Para mí es determinante que el trabajo también sea una actividad espiritual. A la postre, esto se pone claramente de manifiesto si creo en lo que hay de bueno en el ser humano, si respeto a cada uno de ellos, si vivo de la fuente interior de la que mana la fe o únicamente de mis propias fuerzas, si sirvo a Dios y a las personas con mi trabajo o simplemente me refugio en él.

¿Aún le queda a usted tiempo para sus aficiones, si es que las tiene?

■ Mucho tiempo libre no tengo. Me gusta leer y me gusta escuchar música. Lo hago sobre todo los domingos a primera hora de la tarde, que reservo para mí. También me gusta caminar. En vacaciones, siempre me reservo tiempo para caminar y leer. Son mis aficiones preferidas. Si tuviera más tiempo libre, iría de buen grado a un concierto o al teatro.

¿Qué música le gusta escuchar?

■ Mis hermanos me han regalado un reproductor de CDs con el que oigo a menudo las cantatas de Bach, según la época del año eclesiástico. También me gustan Mozart y Haydn. Y cuando oigo una cantata, me sumerjo totalmente en la música y no hago ninguna otra cosa. Cuando realizo un trabajo ligero, oigo buena música barroca; pero cuando me concentro en el trabajo, tengo que estar en silencio.

A usted le gustaba jugar al fútbol...

■ Y no lo hacía nada mal. Mis tres hermanos incluso han jugado en distintos clubs. Yo no he llegado a tanto.

¿Es usted seguidor de algún equipo de fútbol?

■ Desde que era muy joven, el equipo de mis amores fue el TSV 1860 München. Íbamos al campo del club en bicicleta para ver a los jugadores. Pero ahora me queda más lejos. Los clubs de fútbol dependen cada vez más del dinero. Falta camaradería y espíritu de equipo. Aun así, confieso que, cuando veo jugar a los muchachos en nuestros terrenos, se me van los ojos detrás de la pelota. A decir verdad, nunca veo fútbol en televisión. Me parece una pérdida de tiempo. Pero no sólo en lo que se refiere al fútbol. En el convento tenemos televisión, pero nunca la veo.

Pero, volviendo a las normas de la orden, ¿en qué se diferencia la vida actual de la orden de la de antes?

■ En 1964, cuando ingresé en la comunidad, ésta seguía estando rígidamente estructurada. Casi todo estaba regulado. Hoy la comunidad es mucho más democrática. Hemos dividido la comunidad de nuestra orden en ocho decanatos, en los que es posible un intercambio personal de opiniones, aunque las decisiones las toma todo el convento. Ahora se dialoga más. Y estudiamos una y otra vez cómo podemos dar a las exigencias de nuestro tiempo una respuesta acorde con nuestra fe y con el carisma benedictino. Aun así, para nosotros es importante no sólo adaptarnos sencillamente a las tendencias de la época, sino también esforzarnos por mantener honradamente nuestra identidad benedictina, pues los jóvenes sólo acudirán a nosotros si seguimos siendo auténticos monjes. Y sólo entonces tiene sentido nuestra vida.

El lema de nuestro abad Fidelis Ruppert es: «Omnes vos fratres», todos vosotros sois hermanos. Para él es importante que compartamos nuestra vida espiritual, pero también tomar conjuntamente las decisiones para el futuro. Y también es importante para él que cada persona reciba la formación que mejor le venga, que responda a su naturaleza y no sólo satisfaga sus expectativas, sino que además fomente sus facultades. Ciertamente tenemos muchísimas actividades fuera del convento. De hecho, una comunidad sólo se mantiene viva si cuida de sí misma.

En su opinión, ¿qué es lo que más falta hace en la vida actual de la Orden? ¿Por qué en muchas comunidades religiosas hay cada vez menos vocaciones?

■ A muchas comunidades religiosas les falta claridad y fuerza espiritual. Algunas sólo se han adaptado; otras se mantienen aferradas a lo viejo, sin llenarlo de vitalidad y profundidad espirituales. A las comunidades les faltan vocaciones porque no consiguen hacerse entender por la gente joven y no la convencen con su espiritualidad y su trabajo.

¿Ha vivido usted momentos traumáticos o dolorosos en la Orden? Y en caso afirmativo, ¿a qué se debieron concretamente?

■ Los años setenta fueron para mí una época muy dolorosa. En el convento se respiraba un clima de crisis, y muchos hermanos abandonaron la Orden. A veces me preguntaba a mí mismo: «Si se marchan también ése y ese otro, ¿qué hago yo aquí?». Sin embargo, hacia el año 1978 se produjo un cambio. Entonces la Orden encontró el coraje necesario para defender su identidad.

¿Cómo?

■ Ante todo, nos pusimos a estudiar las fuentes del monacato, lo cual nos animó a seguir de una manera consecuente nuestro camino como benedictinos. Naturalmente, en la comunidad se producen una y otra vez reveses; el nuestro no es un mundo perfecto. Y a veces me duele la estrechez de miras de algunos hermanos.

¿Qué quiere decir concretamente con eso?

■ A las personas con estrechez de miras no les parece bien nada de lo que hacen los demás, y les transfieren sus propias medidas de valoración. Como están llenas de desconfianza, quieren controlar a todo el mundo. Me duele ver que hermanos míos rechazan de antemano, por ejemplo, nuevas ideas o están pendientes de cosas como, por ejemplo, cuánto dinero gastan sus hermanos.

¿Nunca se ha sentido presa del desaliento o ha tenido dudas de fe?

■ Me asaltan dudas acerca de si mi espiritualidad coincide con la de la Orden y si lo que digo y pienso sobre Dios no son meras proyecciones personales. Pero si reflexiono sobre esas dudas hasta el fin, me inunda la seguridad interior de que puedo confiar en la Biblia y en la tradición espiritual. Mis dudas me impiden saberlo todo mejor y me impulsan a preguntar constantemente: ¿quién es Dios?; ¿qué significa realmente la resurrección? Tampoco el desaliento me es ajeno. Aunque casi siempre tengo confianza en mí mismo, atravieso fases en las que remo haber asumido una carga excesiva. Pero entonces intento no luchar contra el desaliento, sino que lo tomo como un reto para reflexionar sobre mis propias medidas de valoración, para prescindir de mis expectativas y arrojarme totalmente en los brazos de Dios.

En su convento hay también un servicio que atiende a los sacerdotes y monjes que sufren crisis psíquicas. ¿Cuáles son las causas de esas crisis?

■ Usted se refiere a la llamada casa de acogida, que funciona desde 1991. Es una casa para sacerdotes y monjes –hombres y mujeres– que se ven sumidos en una crisis y están «quemados» o, simplemente, desean hacer algo para sí mismos. Unos vienen con intención de prepararse antes de asumir una nueva tarea. Otros tienen la sensación de que han descuidado su vida espiritual por dedicarse con excesiva intensidad al trabajo. También los hay que han quedado atrapados en un conflicto que les ocasiona graves heridas y desean contemplarlas y ver hasta dónde llega su participación en ellas. Estas personas –tenemos espacio para 18 huéspedes– permanecen tres meses entre nosotros. Los cursillos están siempre llenos, y algunos tienen que inscribirse en la lista de espera.

Ese servicio de acompañamiento espiritual y de sanación de las heridas interiores es, incluso desde el punto de vista especializado, una tarea muy exigente. ¿Puede hacer usted todo eso solo?

■ No. Todos los huéspedes tienen durante la semana una asistencia terapéutica y espiritual. Yo sólo me cuido de la asistencia espiritual, acompañado por dos hermanos y una hermana. El doctor Wunibald Müller, su esposa y el doctor Ruthard Ott son los acompañantes terapéuticos. Para nosotros es importante mantener unidos el plano espiritual y el plano terapéutico. La terapia ayuda a las personas a liberarse de falsos modelos de vida que también inciden en la vida espiritual. La espiritualidad contribuye a ver las heridas como oportunidades de encontrar a Dios y abrirse a las personas de una manera nueva y diferente.

Al programa de la casa de acogida pertenecen el grupo de terapia semanal, un grupo creativo, un grupo para la vida diaria y un grupo espiritual. Los huéspedes trabajan juntos en los servicios de la casa y la cocina, y tres veces a la semana, durante dos horas, en los talleres de la abadía.

En estos doce años hemos hecho muy buenas experiencias con los huéspedes. Vuelven fortalecidos y con nuevos ánimos a sus actividades como sacerdotes y monjes. Es cierto que algunos abandonan el sacerdocio o la Orden, pero siempre lo hacen con paz interior. Muchos obispos están agradecidos de poder enviar a sus sacerdotes a nuestro convento cuando ya no pueden más y necesitan ayuda. Trabajamos con siete diócesis, con cuyos responsables se reúne todos los años el equipo formado por el personal de nuestra casa de acogida.

¿Cuáles son las dificultades más frecuentes de esos sacerdotes y esos monjes? ¿A qué se deben y qué métodos curativos se emplean?

■ El problema de los sacerdotes y los monjes consiste sobre todo en que están quemados interiormente y ya no disfrutan con su vida espiritual y su trabajo. Han perdido la fe y necesitan una nueva orientación.

Naturalmente, hay también otros problemas, como, por ejemplo, estados depresivos, dudas sobre si uno ha acertado en la profesión elegida, dificultades que la soledad o la sexualidad llevan consigo. A menudo surgen también dificultades cuando las expectativas son demasiado grandes o cuando aparece una «espiritualidad desde arriba» cuyos ideales no pueden satisfacerse por ser demasiado elevados. Otro motivo posible son los problemas estructurales. Muchos sacerdotes tienen que atender simultáneamente a unas cinco comunidades parroquiales, y esto los destroza interiormente. Además, el aislamiento social incrementa en muchos sacerdotes la sensación de soledad.

El proceso de curación empieza a partir del momento en que los afectados pueden contemplarlo todo a distancia, sin tener que valorarlo inmediatamente. En primer lugar, tienen que ajustar cuentas consigo mismos y con su propia vida. Entonces pueden dar el segundo paso, en el que lo importante es encontrar una nueva estrategia, poner en juego sus facultades y reaccionar ante problemas que aparecen en el alma propia o en el trabajo de la comunidad. El tercer paso consiste en encontrar y desarrollar la imagen salvadora y liberadora de Dios. En definitiva, nuestra imagen de Dios está relacionada con nuestra imagen de nosotros mismos. Sin embargo, además de todo ello se necesita una nueva espiritualidad para vivir una vida auténtica y sana.

Sigamos por un momento en la casa de acogida y en los ejercicios, de los que usted también se cuida. ¿Qué significado tienen, según usted, esos ejercicios en la vida espiritual?

■ Considero que los ejercicios individuales son un camino importante para la vida espiritual. Dedicarse en silencio, durante una semana, a escuchar la palabra de Dios y practicar la oración me pone en contacto con Dios y con mi vocación personal. Los ejercicios concretan de nuevo, una y otra vez, esa vocación, siempre de acuerdo con la edad y la situación interna de cada persona. Por ese motivo, antes siempre impartía también un cursillo para ejercicios individuales. Ahora ya no puedo hacerlo, por motivos de tiempo. No obstante, cada año hago ejercicios individuales para mí mismo, y cada dos años los hago en compañía.

¿En qué ámbito ve usted el mayor impacto de la espiritualidad benedictina para su desarrollo espiritual?

■ Para mi propio desarrollo espiritual fue muy importante el conocimiento de la primitiva vida monacal. Pero la he contemplado con la lente de la psicología y así he descubierto la sabiduría de esos hombres y esas mujeres que permanece oculta a los ojos de muchos investigadores con una mentalidad puramente histórica. El estudio de las obras escritas de los padres me ha infundido coraje para iluminar mis propios lados oscuros. También me ha invitado a unir el lado psicológico y el lado espiritual de la fe. Y me ha impulsado a buscar a Dios con todas las fuerzas de mi cuerpo y de mi alma. La búsqueda de Dios se convirtió para mí en el contenido central de mi vida espiritual. No quiero detenerme, sino seguir caminando y, como san Benito pedía a sus monjes, buscar de verdad a Dios.

¿Qué significa para usted esa «búsqueda de Dios»?

■ Por ejemplo, indagar una y otra vez, desde diferentes ángulos, las imágenes de Dios que me he formado. Y buscar a Dios detrás de todas las imágenes y todos los conceptos que pueda hacerme de él.

¿De dónde saca fuerzas para eso?

■ Personalmente, veo en el ritmo diario de la oración y el trabajo una posibilidad para encontrar la medida justa. Y me gusta la liturgia. Disfruto cantando los salmos y me dejo llevar por la oración coral de la comunidad. La celebración diaria de la eucaristía es para mí la fuente de la que me alimento, una fuente de amor que nunca se extingue. Me gustaría que esa fuente llenara mi vida y pusiera fin a su imperfección.

Varios miembros de la orden benedictina participaron activamente, durante los siglos XIX y XX, en la renovación espiritual y litúrgica. ¿Cómo ve usted la tarea de la Orden de san Benito para la Iglesia en la actualidad?

■ En los siglos XIX y XX, los benedictinos tuvieron una participación esencial en el movimiento litúrgico que fue asumido en el Vaticano II por toda la Iglesia. Hoy veo la tarea de los benedictinos en otro ámbito. En primer lugar, está la vida en comunidad. Un grave problema de la Iglesia, pero también de la sociedad en general, es, en mi opinión, la incapacidad de hablar unos con otros y de comportarnos lealmente unos con otros. Los grupos conservadores y progresistas dentro de la Iglesia ya no tienen una lengua en la que entenderse. Y unos y otros corren peligro de atrincherarse en las ideologías.

La espiritualidad benedictina está impregnada de nostalgia de la Iglesia primitiva, de una vida colectiva en el espíritu de Jesucristo. Pero eso es algo que hay que practicar con respeto mutuo, del mismo modo que hay que comunicarse con los demás utilizando buenas maneras. Cuando convive con otras personas, uno no puede esconderse detrás de una ideología; la persona tiene que mostrarse tal como es. Y uno percibe que sólo puede aguantar esa convivencia cuando se muestra caritativo con los demás y consigo mismo.

La segunda tarea de los benedictinos consistiría en transferir la espiritualidad del primitivo monacato y de los Padres de la Iglesia a nuestro tiempo y en anunciar una espiritualidad mistagógica contra las corrientes moralizantes, es decir, una espiritualidad que lleve a la experiencia de Dios, pero que también invite a un sincero encuentro con uno mismo. San Benito hizo de la búsqueda de Dios el punto central de su espiritualidad. Yo veo como tarea nuestra mantener viva en la sociedad la búsqueda de Dios y no engañar a las personas en Su nombre.

La espiritualidad benedictina es una espiritualidad vinculada a la tierra, una espiritualidad que toma en serio este mundo, que adopta una forma concreta y así se hace visible y practicable para otras personas. Esto relativiza toda clase de espiritualismos idealistas, incapaces de transformar el mundo. Si nuestra espiritualidad en este mundo no se convierte realmente en carne, entonces pierde su sentido.

En los ámbitos más alejados de la Iglesia, la espiritualidad tiende a vincularse a la autoridad del gurú. ¿Cuál es el criterio para un auténtico «maestro» espiritual? ¿No cabe la posibilidad de que la búsqueda de la espiritualidad caiga en lo meramente ideológico?

■ Un auténtico maestro espiritual lleva una vida retirada. No tiene discípulos en torno a sí. Hoy es muy frecuente presentarse como discípulo de tal o cual maestro. Para mí, hay en ello algo sospechoso. El verdadero maestro espiritual acompaña a las personas, pero no hace que éstas dependan de él. No funda una escuela. El maestro sigue un camino. El que quiera seguirlo con él, puede hacerlo y recorrer un tramo. Hoy veo tres grandes peligros en la asistencia espiritual.

En primer lugar, está la dependencia que se crea. Algunos opinan que sólo pueden seguir un camino espiritual si alguien los acompaña.

El segundo peligro es el inadecuado uso espiritual. El gurú hace ver a su discípulo que sólo él sabe perfectamente lo que le conviene, por lo que debe obedecerle; de lo contrario, tendrá que atenerse a las consecuencias... Cuando alguien utiliza a Dios para hacer que otra persona dependa de él y la atemoriza para que siga el camino que él le marca, incurre en un evidente abuso espiritual. Y éste, al igual que el abuso sexual, conduce a la confusión de los sentimientos.

El tercer peligro consiste en la ideologización, que es posible en cualquier tipo de «dirección espiritual». Está, por ejemplo, la incapacidad de afrontar un conflicto ideologizado precipitadamente como seguimiento de la cruz. También se puede fundamentar la propia praxis espiritual alegando que uno está mucho más arriba que la gente normal que sigue utilizando los servicios religiosos de la Iglesia. O se utiliza indebidamente al Espíritu Santo para saltar por encima del pensamiento propio.

Lo que hoy es más necesario que nunca es el discernimiento de espíritus. Personalmente, estoy muy dichoso de ser benedictino y vivir en comunidad, pues cuando alguien desea vivir concretamente en comunidad, no tiene necesidad de ideologías. Los ideólogos no resisten mucho tiempo en una comunidad.

4. No quisiera prodigarme demasiado como escritor
Del oficio de escribir y del lenguaje del cuerpo

¿Qué fue lo que le impulsó a escribir?

■ Mi primer libro fue mi tesis doctoral, ya mencionada, en la que me ocupo de la aportación de Karl Rahner al tema de la Salvación desde la perspectiva de la teología de entonces. Pero un trabajo de esa índole no lo lee mucha gente. A decir verdad, el impulso de escribir me vino de las reuniones que celebrábamos en nuestro convento. En 1975 celebramos una primera reunión sobre el tema «orar en el monacato» para miembros de la Orden y algunos psicólogos a los que habíamos conocido en casa de Karlfried Graf Dürckheim. Tras su estancia en el Japón, el conocido psicólogo alemán había fundado un centro terapéutico que se convirtió también en lugar de meditación. El centro se encontraba en Rütte, una pequeña localidad de la Selva Negra. Allí, todos los días por la mañana y por la tarde había meditaciones abiertas al público en el llamado Zendo (sala de meditación japonesa). Con el tiempo, Karlfried Graf Dürckheim reunió en torno a sí a toda una serie de colaboradores, entre ellos la doctora y psicóloga Maria Hippius, que aplicaba en su trabajo métodos como, por ejemplo, el Aikido, basado en la práctica de la pintura y la alfarería.

Volvamos a los encuentros que se celebraban en su convento

■ En nuestras reuniones se producían diálogos muy interesantes sobre las experiencias del primer monacato con la oración y la meditación. Luego las comparábamos con las experiencias de los modelos de meditación orientales o con la psicología jungiana. Ése fue el inicio de nuestros larguísimos diálogos acerca del legado de los padres del desierto. Queríamos que las experiencias que habíamos hecho con la meditación zen y la psicología jungiana dieran fruto en nuestra vida monacal.

Entonces, nuestro abad Fidelis me encargó una conferencia sobre el tema de la «pureza de corazón». Leí algunas cosas de literatura monacal y elaboré la conferencia. Como fue bien acogida, la envié a la revista benedictina *Erbe und Auftrag,* y al poco tiempo la editorial Kaffke-Verlag me preguntó si no estaría dispuesto a ampliar la conferencia y publicarla en una de sus colecciones. Algo parecido me ocurrió con la conferencia «Humildad y experiencia de Dios», que elaboré para los hermanos de la Orden.

En 1976, cuando trabajaba en el tema «oración y autoconocimiento» para otra reunión, el P. Fidelis Ruppert, que seguía siendo prior, y yo nos pusimos de acuerdo para editar por nuestra cuenta pequeños textos. Así nacieron nuestros folletos de Münsterschwarzach. Entonces percibimos que la gente apreciaba la espiritualidad del monacato temprano, que nosotros tratábamos de desarrollar sobre el fondo de la psicología jungiana. Ese interés, junto a la conversación con nuestros cursillistas, fue sobre todo el impulso que me llevó a escribir.

¿Hubo alguien por entonces que le animara a escribir?

■ En los primeros libros tuve el apoyo de mis hermanos. Sin embargo, cuando llegué al quinto libro pensaron que ya estaba bien. Después se debió siempre a mi propio impulso. Tenía ganas de desarrollar tal o cual tema.

¿Quién le ha influido o le ha inspirado más en ese campo?

■ Me influyeron, sobre todo, los textos de los primeros monjes. Evagrio Póntico, al que considero el escritor más importante del monacato, es el que más me ha inspirado. También Poimen, de quien se conservan muchas sentencias de los padres del desierto, y todos los demás padres cuyas sentencias se conservan en el *Apohthegmata patrum*. A veces, también los oyentes me han inspirado las conferencias. En muchas ocasiones, cuando predicaba sobre un pasaje de la Biblia, la gente me pedía que explicara importantes pasajes de la Sagrada Escritura de manera que ellos pudieran entenderlos y sentirse implicados.

¿Lee usted sus textos antes de su publicación; por ejemplo, en el marco de unos ejercicios espirituales?

■ Como ya he dicho, los primeros folletos surgieron a partir de conferencias. Al principio, se trataba de poner por escrito la conferencia pronunciada en el marco de un cursillo. Después el proceso fue inverso: cuando me fascinaba un tema, intentaba dar forma a las ideas que se me ocurrían en relación con él. Sencillamente, empecé a escribir. Al escribir, me venían más ideas. Y en la biblioteca buscaba literatura adecuada al tema y lo elaboraba. Cuando escribía algo, lo dejaba reposar durante algún tiempo. Después, en las conversaciones de ayuda espiritual comprobé a menudo que los temas sobre los que yo había escrito aparecían de pronto en la conversación. Y entonces se me ocurrían nuevas ideas. Así ampliaba el libro con todo lo que se me ocurría en las conversaciones, en la meditación y en el estudio. Pero, en la mayoría de casos, primero he escrito el libro y después ha expuesto las ideas en conferencias.

En sus libros aborda usted los más diversos temas y ámbitos de la vida espiritual. Un lector no iniciado puede tener la impresión de que usted escribe de todo. ¿Por qué corre usted el riesgo de tal dispersión?

■ En los primeros años de mi actividad me atrajeron diversos temas. Yo quería ayudar a las personas con las que tenía contacto en los cursillos y en la asistencia espiritual, y desea-

69

ba que pudieran resolver sus problemas. Entonces pronunciaba muchas conferencias. Cuando, después de las conferencias, intentaba dar respuesta a las preguntas de la gente, comprobaba que no había contestado de la manera adecuada. Entonces, al leer y escribir, sentía la necesidad de encontrar una respuesta mejor. Mi deseo era tratar importantes temas de la vida espiritual y de la liturgia de tal manera que afectaran a las personas y las ayudaran a proseguir su camino.

Una y otra vez compruebo en mi actividad pastoral que los mismos problemas aparecen en diferentes personas, y que la respuesta que doy a una pregunta ayuda al interlocutor. Entonces sigo estudiando el tema. De vez en cuando viene a verme alguien que me suelta a bocajarro: «Por favor, escribe sobre los sueños». Es cierto que le digo que no puede ser, pero al cabo de algún tiempo vuelvo sobre el tema y compruebo que sí puedo hacerlo. En mi caso, los libros son un procedimiento para iniciar un diálogo con las personas y buscar una respuesta a sus preguntas.

Ahora las editoriales me proponen a menudo determinados temas, pues suelen conocer bastante bien las apetencias y las necesidades del hombre actual; siguen de cerca sus demandas. Además, escucho constantemente dentro de mí para ver si hay un tema que me atrae. Cuando percibo que es así, sencillamente me pongo a escribir. Entonces, cuando ya estoy escribiendo, veo si de ahí puede salir un libro o si es mejor dejarlo.

¿Tiene usted algún tema clave?

■ Para mí, el tema clave es la oración y la meditación, la introducción en el espacio interior del silencio, en el que cada uno está a salvo y mora en Dios mismo. Otro tema es la manera de tratar nuestros pensamientos y sentimientos, nuestros lados oscuros, nuestros temores y nuestras necesidades. Y otro tema importante es para mí la curación. ¿Dónde encuentro la curación de mis heridas?

Su tema inicial, el tema que trató en su tesis doctoral fue el de la salvación.

■ Ese tema lleva ya más de treinta años en mis trabajos teológicos y psicológicos. Hoy preferiría describir la redención más como salvación y liberación.

¿En qué medida está influida su obra por la espiritualidad benedictina?

■ Para mí es el fundamento; pero no empiezo por la Regla de San Benito, sino por los padres del desierto, de quienes san Benito adoptó muchas cosas. Intento describir la Regla y sus contenidos a partir de la experiencia, pues toda teología es para mí expresión de una experiencia. A mí me interesa muchísimo qué experiencia hizo san Benito consigo mismo y con su Dios, cómo veía a sus monjes y cómo reaccionaba ante los conflictos de cada día. La espiritualidad benedictina ha influido en mi visión de la oración y la meditación, de los temas relacionados con la dirección, la educación y el trato con las personas, así como con los temas litúrgicos.

En los últimos años, es usted uno de los autores más editados en Chequia. Exagerando un poco, podríamos decir que sus libros se han convertido en «best-sellers» espirituales. La popularidad esconde tentaciones de toda índole. ¿Es usted consciente de ello?

■ Naturalmente, estoy muy contento de que mis libros se vendan bien, pero en el convento llevo una vida modesta y tengo que resolver problemas de cada día, sobre todo económicos. Hay personas que necesitan un gurú, y a veces veo que quieren llevarme a su terreno; eso es un peligro. Otro peligro es que, dentro unos años, tal vez mis libros no se vendan y se acumulen en las librerías. En cualquier caso, para mí es importante permanecer fiel a mi mensaje y llevarlo adelante.

¿Cómo se explica usted que se le lea tanto y que sus lectores sean fundamentalmente jóvenes?

■ Los jóvenes suelen decir que en mis libros perciben una cierta profundidad. Yo creo que buscan algo que alivie sus vidas. También saben que no pueden conseguirlo por métodos psicológicos. Algunos me aseguran que en mis libros descubren una huella. A menudo vienen a verme y me dicen que mis libros responden a sus sentimientos.

¿No tiene usted miedo de acabar repitiéndose y de que sus mensajes pierdan profundidad?

■ No quisiera en modo alguno prodigarme demasiado como escritor, y me aterra la posibilidad de que mis libros bajen de nivel. Por eso no acepto las propuestas de muchas editoriales que quieren que escriba un libro para ellas.

Cuando deseo saber si un tema me inspira de verdad, me dejo llevar por el instinto. Por eso no quiero escribir sobre temas que ya he tratado. Naturalmente, algunas formulaciones y temas se repiten. Y tengo la sensación de que debo escuchar una y otra vez a mi voz interior y seguir mi camino. Escribir no debe llevarme a quedarme quieto y ofrecer una y otra vez las mismas respuestas. Para mí, escribir sólo tiene sentido cuando me mantiene vivo y me proporciona nuevas introspecciones. Ahí percibo exactamente lo que siento. Si tengo que violentarme para escribir, si tengo que torturarme para ello, la cosa ya no funciona. Tampoco me empeño en escribir por el mero hecho de que sea eso lo que se espera de mí. Puede ocurrir que, en un primer momento, me limite a guardar silencio y a esperar a que dentro de mí aparezca algo nuevo que quiera ser expresado en palabras.

¿Tiene usted a veces la sensación de que en la literatura religiosa ya se ha dicho todo lo importante?

■ Después de cada libro tengo, naturalmente, la sensación de que ya no tengo nada más que decir. Pero a veces surge un tema nuevo que me atrae. Es cierto que ya está todo dicho, pero creo que todavía existen muchas ventanas a través de las cuales se puede ver la verdad. Cada libro puede ser una de esas ventanas, aunque lo que se vea por ella sea el mismo paisaje, el mismo secreto. Aun así, no me gustaría que la gente dijera de mí: «Es un escritor que siempre dice lo mismo». Antes de que eso ocurra, prefiero dejar de escribir.

¿Cómo puede combinar usted la vida espiritual con la actividad del convento y con la tarea de escribir libros? ¿Cómo lo consigue sin quedar agotado?

■ Para mí es muy importante distribuir correctamente el tiempo. Ya he dicho que nunca hago horas extraordinarias en mi trabajo de administración. Me he reservado seis horas a la semana para escribir. Los martes y los jueves escribo por la mañana entre las 6 y las 8, y un día a la semana entre las 20 y las 22, o sea, por la noche. Con eso me basta. Cuando tengo que pronunciar conferencias y dirigir cursillos, me he fijado una norma muy clara. Sólo pronuncio una conferencia a la semana, siempre por la noche, y los cursillos sólo los dirijo durante los fines de semana. Durante el resto de la semana estoy libre para el trabajo en la administración del convento y en la casa de acogida. Soy consciente de que debo vigilar atentamente los límites, pues conozco muy bien la tentación de asumir cada vez más actividades, y debo reconocer que en alguna ocasión he cedido a ella.

Hace unos seis años, estuvo usted muy enfermo.
¿Le proporcionó esa experiencia vital un conocimiento nuevo de sí mismo?

■ No fue una enfermedad grave. Al acabar un cursillo, me encontré con que ya no sabía exactamente qué era lo que había dicho y lo que me había ocurrido realmente ese día. Una hermana que había colaborado en la parte musical del cursillo comprobó que me comportaba de una manera un tanto rara y telefoneó al abad. Éste le aconsejó que me llevara inmediatamente al hospital. Entonces se comprobó que sufría hipertiroidismo, y era tan agudo que tuve que esperar dos semanas para que me operaran. Desde entonces me encuentro bien, pero, naturalmente, esta enfermedad me obligó a preguntarme dónde había traspasado «mis propios límites». Yo creía que nunca iba a trabajar demasiado, pero el cuerpo me demostró lo contrario. Desde entonces procuro escuchar mejor los mensajes de mi cuerpo. Mis hermanos del convento me enviaron al hospital mi libro *Gesundheit als geistliche Aufgabe* [La salud como tarea espiritual], lo cual me molestó en un principio, pero luego comprendí que debía prestar más atención a los tenues impulsos de mi corazón.

¿Qué nos dicen esos impulsos del cuerpo? ¿Cuándo podemos percibirlos y cómo debemos interpretarlos?

■ Cuando estoy demasiado tenso, mi cuerpo quiere decirme que no se siente a gusto. Por otra parte, los dolores de espalda pueden hacerme comprender que no he prestado atención a mis sensaciones. Mi cuerpo me recuerda, pues, detalles que he pasado por alto, y por consiguiente debo agradecerle esas reacciones. Eso significa que no debo investigar tanto el fundamento de la enfermedad cuanto su sentido. La enfermedad contiene siempre un mensaje: debo buscar una nueva medida –tal vez en el trabajo– o poner fin a la superficialidad –si procede, al éxito– e indagar qué hay en el fondo de mi alma.

¿Ocurre a menudo que, al cabo de algún tiempo, sus libros vuelven a usted como si fueran un «boomerang» y hacen que fije usted la atención en algo importante?

■ Muchos de mis libros se ocupan de temas que me interesan personalmente, y a veces de manera muy intensa. La salud era ciertamente uno de esos temas. Cuando estuve enfermo, yo mismo «me recuperé». En el hospital aproveché el tiempo de que dispuse hasta la operación para escribir el pequeño texto *Leben aus dem Tod* [Vida a partir de la muerte].

No es precisamente un tema muy optimista cuando alguien está a punto de someterse a una operación.

■ Dada la atmósfera del hospital, me pareció apropiado escribir sobre ese tema. Años antes, varios amigos me habían pedido que lo tratara en un libro, pero entonces no sentí ningún impulso que me incitara a hacerlo.

Otro tema era: «guiar a las personas, despertar la vida»; pero como yo tenía una función directiva, durante mucho tiempo no quise escribir sobre ello. Además, soy consciente de que mi percepción de la dirección no es precisamente la ideal. Pero luego los cursillos de dirección que impartí en la Daimler-Chrysler me animaron a escribir sobre el tema. Hoy compruebo que mi comportamiento no siempre responde a lo que dice el libro. Lo cual hace que sea para mí un reto permanente.

¿Se esfuerza usted en corregir o ampliar de alguna manera sus libros antes de una nueva edición o prefiere no volver a leerlos?

■ Cuando he terminado de escribir un libro, nunca me siento satisfecho. Percibo que hay cosas que habría podido formular o elaborar mejor. Pero una vez que he entregado el libro a la editorial y lo he corregido de nuevo, lo doy por bueno. Entonces ya no tengo ganas de revisarlo una vez más. Si considero que no está suficientemente trabajado, lo que hago es, a lo sumo, tratar algunos temas desde otro enfoque y exponerlos mejor. También lo hago cuando un libro es objeto de una nueva edición. En cuanto a las reimpresiones, son iguales a la primera, ya que en ellas sólo se corrigen las faltas de ortografía.

¿Planifica usted elaborar un tema al que no haya prestado atención hasta entonces?

■ No programo mis libros a largo plazo. Y tampoco sé qué voy a escribir después de lo que tengo entre manos. En los últimos meses he comentado los cuatro Evangelios. Me gustaría comentar determinados pasajes de las epístolas de Pablo o de Pedro de manera que la gente las entendiera y sus textos se convirtieran en indicadores prácticos de la redención y la salvación. Pero, aparte de que no soy un exegeta, soy consciente de la dificultad que encierra traducir esas ideas teológicas, a menudo muy abstractas, a otro lenguaje. Lo que más me atrae en relación con ese tema es exponerlo primero sobre el fondo de la actual psicología, y después en diálogo con otras religiones y sus tradiciones místicas. Para mí, la Biblia es una maravillosa introducción a la experiencia de Dios, que está presente en el mundo y en el corazón humano, pero, aun así, escapa a nuestro conocimiento y nuestra experiencia y se oculta a nuestra mirada ávida de novedades.

¿Qué autores de literatura espiritual lee usted? ¿Qué autores actuales de esa literatura le atraen?

■ Me gusta leer una y otra vez a Henri Nouwen, pues me resulta muy próximo, tanto espiritual como personalmente. Además, me gustan Richard Rohr y John Sanford, Thomas Merton y Gabriel Bunge. Pero también acudo una y otra vez a los grandes maestros de la vida espiritual y de la mística, como Teresa de Ávila, Juan de la Cruz, Evagrio Póntico, Juan Casiano, Juan Clímaco, Agustín, Gregorio Nacianzeno, el Maestro Eckhart y Nicolás de Cusa. Pero no leo sólo literatura espiritual, sino también muchos libros de psicología. Tengo las obras completas de C.G. Jung y muchos libros de Peter Schellenbaum, John Bradshaw y Ken Wilber. La psicología transpersonal, que une las experiencias místicas con la psicología actual, me interesa y me ayuda a comprender y exponer los textos místicos de manera diferente.

5. Sentarse en silencio delante de Dios
De la oración, los sentimientos y el tesoro interior

Un tema clave de sus libros, y sobre el que ya se ha escrito mucho, es la oración. ¿Se puede todavía decir algo nuevo al respecto?

■ El tema de la oración afecta a todas las personas. Por eso hay que escribir, una y otra vez, libros sobre ella, pues en cada época las personas tienen problemas diferentes con la oración. Esos temas existenciales se tienen que formular constantemente de manera diferente desde el punto de vista lingüístico, para que sean útiles a las personas. Yo no pretendo decir nada nuevo sobre la oración. Pero intento partir de la experiencia y ofrecer elementos de ayuda a las personas en la oración teniendo en cuenta sus necesidades concretas.

¿Por qué tienen hoy las personas tantas dificultades con la oración?

■ Un problema radica, indudablemente, en que a menudo las personas no encuentran tiempo para orar. Otro problema consiste en que nadie las introduce a la oración. Muchos confunden orar con hablar. Creen que siempre tienen que decir algo a Dios y no encuentran palabras para hablar con él. Las oraciones previamente formuladas no llegan a Dios. Pero esas personas tampoco saben expresar en palabras lo que las mueve en lo más profundo de su ser.

¿No radica también el problema en que hoy la gente tiene más dificultades que antes para mantener una relación con Dios?

■ Es cierto que en otro tiempo la relación con Dios era algo absolutamente evidente para la mayoría de las personas; en cambio, no todos los creyentes tenían una relación personal con Dios. En nuestro tiempo es ciertamente más difícil elaborar una relación personal con Dios, pues la persona no tiene una tradición saludable como soporte, y tiene que procurársela por sí misma.

¿Qué medios para mejorar la comunicación con Dios ofrece usted en sus libros? ¿Qué necesitamos con más urgencia para mostrarnos más abiertos a él?

■ La comunicación con Dios sólo puede producirse si nos comunicamos con nosotros mismos. Muchas personas no perciben a Dios porque no consiguen ser ellas mismas. Anhelan estar cerca de Dios, pero están lejos de sí mismas. ¿Como se puede fomentar esa comunicación? La primera condición es la paz. Una paz en la que yo perciba los pensamientos y los deseos propios, y luego pueda presentarlos a Dios. Aquí también ayudan diversos métodos de meditación, así como el servicio divino, pues puede llegar al corazón. Aparte de ello, es importante liberar a las personas de la presión del trabajo. Como ya he dicho, muchos tienen la sensación de que deben decir constantemente algo a Dios y, al mismo tiempo, recibir una respuesta clara de él. Pero a menudo basta con sentarse tranquilamente ante Dios y exponerle lo que uno percibe en ese momento. Ese paso es un beneficio para el alma y nos enseña a vernos tal como somos. También es bueno meditar con calma sobre la palabra espiritual, por ejemplo, sobre las palabras de los Salmos; y, al hacerlo, descubrir qué experiencia se esconde detrás de esas palabras.

¿Qué importancia tiene el lugar que elegimos para la oración?
■ Teóricamente se puede rezar en cualquier lugar. Y algunas personas saben hacerlo incluso en el tranvía o en medio del barullo del tráfico urbano. Aun así, el concentrarse siempre

sirve de ayuda para orar. La iglesia es un buen lugar para la oración. Cuando entro en una iglesia, tengo la sensación de que estoy en un lugar sagrado, envuelto en la presencia salvífica y amorosa de Dios. Cuando estoy delante del sagrario, tengo la sensación de estar con Cristo, de que él me está mirando y de que yo le muestro lo que hay en mí. Para mí también es importante el rincón de mi celda en el que practico la meditación. Entonces me sumerjo en otro mundo y ya no me distraen los problemas de cada día.

La oración suele compararse con un diálogo humano, pero usted ve la oración más bien como un encuentro. ¿Por qué es tan importante para usted ese aspecto?

▦ A muchas personas les resulta difícil ver la oración como un diálogo con Dios, pues no ven ni oyen al que tienen delante. No es un diálogo con preguntas y respuestas, en el que la palabra va de allá para acá. Yo entiendo el encuentro como algo unitario y completo. El encuentro requiere que me entregue a Dios tal como soy, en cuerpo y alma. Ese encuentro transforma al ser humano y puede producirse en una mirada, en una conversación o, simplemente, en el hecho de estar frente a frente en silencio. A veces, la oración consiste, sencillamente, en permanecer en silencio en presencia de Dios. Y, no obstante, ahí puede producirse un encuentro. Y cuando salgo de él, soy diferente del que era antes.

Usted ha dicho que la persona que quiera encontrar a Dios debe encontrarse antes a sí misma. ¿Significa eso que debemos encontrarnos a nosotros mismos antes de ponernos a rezar?

▦ Si no estoy conmigo mismo, ¿cómo puedo estar con Dios? Ya Cipriano de Cartago dijo: «¿Cómo puedes pedir a Dios que te oiga, si tú no te oyes a ti mismo?». Si yo no estoy en mi casa, ¿cómo puede Dios encontrarme en ella? Para poder encontrarse con él, es necesario que la persona se encuentre primero en su interior. Por consiguiente, la oración no es una huida piadosa del «yo» propio, sino, antes que nada, una auscultación de uno mismo.

Algunas personas se lamentan de que no perciben a Dios y de que no sienten su presencia. A esas personas yo siempre les digo: «¿Te percibes tú a ti mismo?». Sencillamente, no podemos percibir a Dios mientras no nos encontremos a nosotros mismos. Un verdadero encuentro con Dios sólo puede producirse si le presento todo lo que hay en mí. Si me entrego a la oración exclusivamente con la razón, podré reflexionar sobre Dios, pero no me encontraré realmente con él. Dicho con otras palabras: lo que escatimo en un encuentro me va a faltar luego en la oración. Más aún: lo que no entrego me puede asaltar luego alevosamente y perjudicarme, en vez de fortalecer mi relación con Dios.

¿Qué espera realmente Dios de nosotros en la oración? ¿Para qué sirve el conocimiento de uno mismo?

■ Dios espera de nosotros que nos encontremos con él en la oración. Y eso sólo se consigue si aportamos a la relación con Dios todo lo que hay en nosotros. Nuestra oración no tiene que ser devota, sino necesariamente sincera. Tengo que dejar que Dios escrute todos los rincones de mi corazón; tengo que poner ante sus ojos mis recovecos más oscuros, todas mis pasiones, mi amargura y mi encono..., pero también mis necesidades y mis deseos no expresados. Tengo, sencillamente, que desplegar ante él toda mi vida, junto con mis vivencias actuales. En la oración me es lícito desvelar lo que he oprimido o reprimido en mi vida, lo que ni siquiera he querido reconocer ante mí mismo, porque rompe –tal vez de manera inconsciente– la imagen ideal que me he formado de mí mismo. En la oración me está permitido expresar mi miedo o mi desesperación.

El conocimiento de uno mismo no es un fin en sí, sino que sirve para que encontremos a Dios con todo lo que hay en nosotros. Él quiere recibirme con todo lo que he llegado a ser. Dios quiere mi corazón con todo lo que hay dentro de él, para poder llenarlo con su amor.

En otras palabras: para encontrar a Dios el ser humano tiene que conocer mejor sus propios pecados, ¿no es eso?

■ Cuando me presento ante Dios con sinceridad, también reconozco lo lejos que estoy interiormente de él. Y percibiré dónde he pecado contra él, dónde me he cerrado a él y he «pasado» de él en mi vida. Evagrio Póntico llega incluso a decir que no hay verdadera oración en la que la persona no descubra sus propias faltas. Por lo tanto, no hay que buscar especialmente los pecados propios, pues afloran por sí mismos en la verdadera oración. De hecho, la oración es el lugar en el que el ser humano comparece ante Dios totalmente desprotegido, sobre todo si no recurre a oraciones o plegarias ya hechas. Si lo tengo en cuenta y procedo en consecuencia, siempre reconoceré mis pecados ante él. Y eso es saludable. Sólo reconoceré mis pecados si antes me convenzo en la oración de que Dios me va aceptar con ellos.

¿Puede la oración decirnos también algo acerca de nuestro inconsciente?

■ La persona que ora de un modo sincero y se muestra a Dios con todo lo que hay en ella, verá lo que ocurre en su corazón. La alegría se manifestará de manera visible, pero también su tristeza, su malestar y sus celos, su deseo y su decepción. Y ahí aflorará también el inconsciente. Lo que he reprimido durante mucho tiempo emergerá de lo profundo de mi inconsciente en una oración intensa. La oración ilumina todos los abismos de mi alma.

A eso se puede objetar que usted da una interpretación excesivamente psicológica de la oración y que, entonces, el ser humano sólo se ocupa de sí mismo, no de Dios...

■ Sí es verdad que algunas personas me reprochan que ofrezco una versión excesivamente «psicologizada» de la vida espiritual. Los primeros monjes no conocían ese temor. Para ellos la oración era siempre también un camino para acceder a la verdad. Pero la oración es algo más que un análisis del alma. En la oración me muestro conscientemente a Dios en cuanto alguien que está frente a mí, en cuanto «tú». Y ante ese Dios reconozco quién soy. No miro en mi alma, sino que miro a Dios. Pero en él veo como en un espejo la realidad de mi corazón y las profundidades de mi inconsciente. Y no me limito a descubrir mi interior, sino que dejo que el amor y la luz de Dios penetren en él y lo iluminen.

El encuentro con uno mismo puede ser también muy duro. El ser humano puede descubrir de pronto todo lo desconocido que hay en él y que antes permanecía escondido. ¿No encierra eso el peligro de acobardarse y quedarse en el psicoanálisis?

■ Sí, es verdad. El encuentro consigo mismo es a menudo muy desagradable, sobre todo si uno ha reprimido muchas cosas y las ha «escondido debajo de la alfombra», si hasta ahora nunca ha contemplado sus lados oscuros. La oración me protege contra la cobardía, pues no doy vueltas en torno a mí mismo, sino que fijo la mirada en el amor misericordioso de Dios. Naturalmente, muchas personas tienen el peligro de mirarse excesivamente a sí mismas, en vez de elevar su mirada a Dios. Pero orar significa siempre no detenerme en mi realidad, sino presentársela a Dios. La oración es un momento de confianza en el que puedo mostrar mi intimidad y decir todo cuanto mi corazón anhela. Cuando tengamos el coraje de manifestar en presencia de Dios lo que nos ocultamos a nosotros mismos o lo que sólo manifestaríamos en la relación más íntima, entonces nuestra vida será más profunda y auténtica. Ya no será gris, sosa y mediocre. Sentiremos que vivimos. Y ya no tendremos miedo de nuestro corazón. Ya no tendremos necesidad de nuestra dura corteza exterior, y podremos dejar que otras personas se acerquen a nosotros.

¿Hay alguna diferencia entre el arrepentimiento por haber pecado y el abatimiento o, si se prefiere, la depresión, que conduce al pesimismo y a la desesperación? ¿Cómo se pueden distinguir esos conceptos?

■ Los monjes distinguen entre aflicción (*penthos*) y melancolía (*lype*). La aflicción por mi retraso en el camino espiritual, por mi alejamiento de Dios y por mi pérdida de las ilusiones que me he hecho sobre mí mismo, forma parte de la vida espiritual. Por el contrario, la melancolía no es más que dar vueltas en torno a uno mismo: autocompasión. En el fondo de la melancolía hay deseos desmesurados, y a menudo infantiles, que esperamos ver cumplidos en la vida.

¿Y las depresiones?

■ Ése es un gran tema. Existe la depresión como reacción ante la frustración, ante el sobreesfuerzo o ante una crisis vital. Y existe también la depresión endógena, que responde a una disposición interior. Ésta sólo puede tratarse con medicamentos. En las otras depresiones es importante detectar su naturaleza específica. A veces, Dios quiere mostrarme a través de la depresión que debo desprenderme de la ilusión de controlar mi vida y dirigir mis emociones personalmente. Por eso es importante que acceda a Dios a través de mi depresión. Mis estados depresivos quieren llevarme a la profundidad de mi alma para que en ella descubra a Dios como el verdadero fondo y fundamento. La depresión enfermiza paraliza, mientras que la aflicción o la crisis vital genera nueva vida en mí. La aflicción es una fase, mientras que la depresión pretende tenerme sujeto.

¿Hasta qué punto debe confiar el ser humano en sus sentimientos piadosos cuando reza? ¿A qué altura coloca usted el listón?

■ Ante todo, tengo que decir que podemos estar agradecidos si, al orar, abrigamos sentimientos piadosos. Podemos confiar plenamente en ellos, pero no debemos confundirlos con Dios. Dios está más profundamente aún en nosotros, más allá de los sentimientos. No debemos ejercer presión sobre nosotros para tener que sentir a Dios constantemente. A veces Dios nos arrebata todos los sentimientos para que penetremos más profundamente en nuestro propio corazón y descubramos, más allá de los sentimientos, a Dios, que mora en el fondo de nuestra alma, donde ya no tienen acceso ni siquiera las emociones. Los sentimientos quieren llevarme a Dios, pero en mi camino hacia Dios tengo que desprenderme de los sentimientos.

¿Dónde colocaría usted el llanto? ¿Pertenece a la oración o es una expresión de debilidad o de hipersensibilidad?

■ Los primeros monjes apreciaban mucho el don de lágrimas. Evagrio Póntico, que vivió a mediados del siglo IV, dice que el ser humano rompe en llanto cuando Dios le toca en lo profundo de su alma. Las lágrimas son para él un signo de auténtica experiencia de Dios. Pero no debemos provocar las lágrimas artificialmente. Es una gracia poder llorar por la dichosa proximidad de Dios o por el abismo de la culpa propia y por la experiencia del infinito amor de Dios que nos acoge sin reservas. Las lágrimas sinceras transforman al ser humano, mientras que las lágrimas de la susceptibilidad sólo nos mantienen presos de nuestros deseos infantiles. A veces lloramos como niños pequeños, porque no obtenemos lo que deseamos. Ese llanto deja insatisfecho, mientras que las lágrimas auténticas proporcionan una profunda paz interior.

Algunas personas lloran incluso cuando ven una película triste, y luego se sienten aliviadas, ¿no es así?

■ Llorar después de ver una película triste o conmovedora puede ser una gran ayuda, pues nos permite ver nuestras propias heridas y nuestras propias apetencias.

A veces, al ser humano le da miedo hablar ante Dios de un pecado que le resulta atractivo y que no lamenta en absoluto, pues de momento no tiene fuerzas para modificar la situación. ¿Puede, a pesar de ello, orar de todo corazón?

■ El ser humano no debe lamentar artificialmente un pecado del que en realidad no se duele porque le resulta atractivo y se siente cómodo con él. Debe ponerlo ante Dios junto con su deseo, pero también con la dualidad en la que ha caído. Cuando alguien comete, por ejemplo, un acto de infidelidad conyugal, puede no lamentar el contacto sexual con una mujer que no es su esposa. Pero si reflexiona en presencia de Dios, descubrirá que ha herido a su esposa y se arrepentirá de ello. En la presencia de Dios, siempre llega un momento en el que se siente, a causa del propio comportamiento, el dolor que le lleva a uno a esa dualidad interior.

¿Cómo debemos orar por personas que nos han herido, si no queremos proyectar en la oración deseos o prejuicios propios?

■ Mi oración por otros no debe convertirse en una oración contra otros. Eso es lo que ocurriría si yo pidiera a Dios que los otros sean por fin sensatos y vean que yo tengo razón. Sólo puedo orar correctamente por otros cuando me pongo mentalmente en su posición, cuando me pregunto qué problemas les mueven, por qué sufren y qué es lo que anhelan. Entonces puedo pedir a Dios que los bendiga y les conceda cuanto necesitan para su paz interior.

Llegamos a un punto decisivo: ¿cómo puede hablar con Dios un ser humano? ¿Qué puede y qué no puede decirle?

■ Para mí hay tres maneras de hablar con Dios. La primera consiste en que yo explique a Dios con palabras interiores cómo me va y qué me mueve. La segunda manera se basa en decir rotundamente a Dios lo que hay en mí. Si oigo mi propia voz, me doy cuenta de que no puedo decir nada superficial. Me enfado a causa de mi retórica huera. Percibo que debo mostrar a Dios mi verdad. Así, la oración me fuerza a expresar realmente lo que es mi verdad más profunda, a decir a Dios cómo me van las cosas y qué es lo que deseo realmente. La tercera manera consiste para mí en permanecer en silencio delante de Dios. Pero no es un silencio vacío, puesto que en realidad abro mi alma ante Dios. No busco palabras y confío que, en presencia de Dios, surja en mí lo realmente importante. Entonces despertarán en mí muchas cosas inconscientes y se las presentaré a Dios.

A algunas personas les gustaría rezar con sus propias palabras, pero les resulta difícil expresar lo que sienten. A otras les faltan las palabras...

■ Si me faltan las palabras, puedo, sencillamente, mostrar mi corazón a Dios. En ese caso puede serme de ayuda abrir completamente mis manos y mostrar a Dios todos los reductos de mi cuerpo y de mi alma, para que pueda penetrar su luz en mí. Si tengo la sensación de que ya se lo he dicho todo, puedo limitarme a permanecer en silencio delante de Dios y seguir lo que él me diga.

Entonces, ¿se puede oír a Dios? ¿Cuándo nos habla Dios?

■ Normalmente, la voz de Dios no se oye con el oído, pues no es una voz perceptible. Pero si dejo de hablar y permanezco en silencio delante de Dios, surgen en mí los pensamientos. Ciertamente son mis pensamientos, pensamientos que recorren mi cabeza, pero puedo preguntarme por qué los tengo precisamente ahora. Y entonces puedo estar seguro de que en mis pensamientos me habla Dios.

Pero ahí surge un problema: algunos de nuestros pensamientos parecen ser piadosos, pero en realidad no proceden de Dios. ¿Cómo se pueden distinguir buenas y malas inspiraciones? ¿Hay alguna regla espiritual para ello?

■ Los monjes distinguen tres tipos de pensamientos: los pensamientos que Dios me inspira, los pensamientos que proceden de mí mismo y los pensamientos que vienen de los demonios. En el efecto que los pensamientos ejercen sobre mi alma descubro cuál es su naturaleza. Los pensamientos que vienen de Dios me proporcionan una profunda paz interior, me hacen interiormente vital y libre. A decir verdad, no es una paz barata: alcanzar la paz interior, que los pensamientos divinos generan en mí, no es en absoluto fácil, sino que, por el contrario, exige un gran esfuerzo. En un primer momento, esos pensamientos pueden hacerme vacilar y confundirme. Sin embargo, cuando los acepto de verdad, compruebo que generan en mí una armonía interior. Y de pronto me doy cuenta de que, efectivamente, ésa es la verdad. Los pensamientos divinos me concilian conmigo mismo y, en consecuencia, me proporcionan la paz.

Los pensamientos humanos son a menudo superficiales. Gregorio Magno dice incluso que entonces va a pasear por los ámbitos de su fantasía. Esos pensamientos carecen de objetivo. Uno piensa esto o aquello... Está claro que esos pensamientos me distraen. En definitiva, los pensamientos que proceden de los demonios crean en mí miedo y angustia. A veces se disfrazan y adoptan la figura de ideas piadosas.

Por ejemplo...

■ Cuando medito si debo o no debo entrar en la vida religiosa, puedo percibir en mi alma que en realidad no lo deseo.

Sin embargo, mi propio perfeccionismo y mi ambición me dicen que debo hacerlo, porque así soy algo especial y mejor que los demás. Entonces puedo ponerme por encima de los demás. O puedo decirme: Dios quiere siempre lo perfecto, y por eso tengo que entrar en el convento, aunque mi *psique* y mi cuerpo se opongan a ello. Tales pensamientos no proceden de Dios, sino de los demonios. Una situación completamente distinta se da cuando, al meditar en si debo o no debo entrar en la vida religiosa, experimento inicialmente rechazo, y después, en lo profundo de mi alma, aprobación. Esto me lleva realmente a la vida, que llena mi más profundo anhelo de Dios. Tales pensamientos proceden de Dios. Por el efecto que los pensamientos producen en mi alma y en mi cuerpo descubro, pues, de dónde proceden: si de Dios, de mí mismo o de los demonios.

Algunas personas intentan manipular a Dios en la oración y obligarle a satisfacer sus deseos. ¿Qué manipulaciones son más frecuentes?

■ Es cierto que a menudo el ser humano intenta manipular a Dios, utilizarlo en beneficio propio y para sus propios fines. Dios debe ser el autómata que satisface todos mis deseos. O Dios debe ser el gran mago que soluciona todos mis problemas con la máxima rapidez posible y sin dolor. Pero Dios no se deja manipular. Si utilizo a Dios para solucionar mis problemas, quedo sujeto a ellos. Y me sentiré decepcionado cuando compruebe que no me libera de ellos. Entonces intentaré orar aún más y, si así tampoco funciona, echaré la culpa a mi falta de confianza, o bien al propio Dios. En tal caso, el resultado puede ser: o bien me esfuerzo en orar más y generar en mí una mayor confianza, o bien me rebelo contra Dios y me aparto de él. Sí, puedo pedírselo todo a Dios. Puedo dirigirme a Dios con todos mis problemas y mis dificultades. Pero la meta de la oración tiene que ser siempre: «Hágase tu voluntad». Mi oración no debe manipular a Dios, sino pugnar con él para que pueda entregarme a él cada vez más, con una sinceridad interior cada vez mayor, y así ser realmente libre y sentirme sano y salvo.

No obstante, en la mayoría de los casos las personas comprueban que Dios calla. ¿Cómo puede producirse un encuentro con un Dios que, a juzgar por las apariencias, está ausente?

■ En la oración no podemos obligar a Dios a que nos hable. A menudo su silencio es para nosotros saludable. Nos obliga a dejar nuestras imágenes de Dios y acceder al Dios incomprensible e invisible. Dios es siempre el absolutamente otro. No hay una técnica de la oración que pueda disponer de Dios. No podemos disponer de Dios. Y parte de su indisponibilidad consiste en guardar silencio y hacer que nos parezca que está ausente. La ausencia de Dios me purifica interiormente para que no siga confundiendo mis proyecciones con Dios sino que, por el contrario, me abra al incomprensible secreto de Dios.

Pero ¿y cuando Dios calla también ante el mal? Algunos reprochan a Dios que haya guardado silencio ante el holocausto y otros genocidios... ¿Cómo se concilia ese comportamiento con la justicia y la misericordia divinas?

■ El profeta Elías tuvo que asistir a la escuela de Dios para descubrir que éste no aparece en el terremoto, en la tormenta o en el fuego, sino en el suave rumor de la brisa. Queremos que Dios venza todo mal y toda violencia y los haga desaparecer del mundo. Pero el hecho es que Dios guarda silencio, y eso constituye para nosotros un motivo de reproche. A menudo oigo que las personas dudan de Dios por haber consentido el holocausto. Yo no les puedo ofrecer una razón teológica de ese silencio de Dios, pues no sé por qué Dios guardó silencio. Sólo puedo aceptar que muchas veces Dios guarda silencio ante el mal. Y también acudir a Dios con mi rebelión y mi incomprensión y decirle: Dios, no eres como yo te imagino, pero me aferro fuertemente a ti. Estoy convencido de que todo lo haces correctamente, aunque mi corazón se alza y se rebela con frecuencia contra este mundo y contra ti por consentir que este mundo permanezca en un estado tan calamitoso. Y creo que, a pesar de tu silencio, eres el Dios misericordioso que tiene un corazón para una pobre criatura como yo.

Aun así, el ser humano tiene que entender el sentido del dolor para poder aceptarlo.

■ No puedo hablar teóricamente sobre el sentido del dolor. Cuando me afecta el dolor, puedo verlo como un reto a mi andadura espiritual. El dolor puede purificarme. Trunca las ilusiones que me he hecho acerca de mí mismo y de mi vida; por ejemplo, la ilusión de que mi vida alcanzará su meta si vivo espiritualmente y sigo las leyes psicológicas. En el dolor percibo que no tengo mi vida en mis manos.

No puedo contestar a la pregunta de por qué sufro. Sólo puedo pensar para qué sirve mi sufrimiento, qué sentido puedo darle. Y aquí me sirve de ayuda echar una mirada a la Biblia y contemplar el sufrimiento de Jesús. Entonces no me veo solo en el sufrimiento. Compruebo que precisamente en el sufrimiento me es dado vivir una comunión más íntima con Cristo. Y Jesús me invita a no dar vueltas en torno a mí mismo en el sufrimiento, sino a ponerlo al servicio del amor, o sea, a sufrir por otras personas, a fin de que les vaya mejor. Yo he vivido eso en el caso de mi madre, que sufría gustosa por sus hijos y sus nietos. Eso le permitió mantenerse contenta en su sufrimiento y convertirlo interiormente en una fuerza positiva. No se quejaba, pues percibía que su sufrimiento tenía una razón de ser.

Sin embargo, para mí la más profunda razón de ser del sufrimiento consiste en poder preguntarme: ¿quién soy yo?; ¿qué es la vida humana?; ¿y quién es Dios? El sufrimiento me libera de mis ilusiones y de las imágenes que me he formado de mí mismo y de Dios. En el sufrimiento percibo quién es realmente Dios y comprendo que el sentido de la vida no radica en vivir el mayor tiempo y con la mayor salud posible, sino en abrirme a Dios en mi existencia, independientemente de que esté sano o enfermo. Lo importante es grabar en este mundo mi huella más propia.

Volvamos al tema de la oración, en relación con la cual los padres del desierto hablan de la necesidad de la «visión interior». ¿Cómo se puede alcanzar esa visión interior?

■ Evagrio Póntico dice que, en el estado de contemplación, el ser humano puede ver su propia luz. Entonces comprende súbitamente quién es en realidad. Esa visión interior no percibe algo concreto, pues es una claridad interior. El ser humano puede decir: todo se clarifica, todo se hace luminoso en mí. Veo el fondo de todas las cosas. De pronto descubro que todo es bueno y que yo soy uno con todo, conmigo mismo, con Dios y con la creación entera. San Gregorio Magno dice, hablando de san Benito, que en un solo rayo de sol veía el mundo entero. Eso también es visión interior: de pronto, todo aparece en su sitio: todo es claro, todo es bueno, todo se vuelve luminoso... Y percibo que Dios está aquí, y que en Dios todo es diáfano y luminoso y bueno.

¿No teme usted que alguien confunda la experiencia de Dios con las vivencias sentimentales cotidianas? En los momentos de alegría, el ser humano ve el mundo a través de un cristal de color de rosa, lo cual no significa que se trate necesariamente de una visión espiritual.

■ Indudablemente, existe el peligro de que las personas confundan la experiencia de Dios con otra experiencia intensa o con una emoción, y por ese motivo digan que en la oración o en los servicios religiosos se ha de sentir necesariamente algo.

Pero no es así. Como ya he dicho, los sentimientos pueden llevar a Dios, pero Dios mismo está más allá y detrás de todos nuestros sentimientos.

¿Se puede acceder, a base de ejercicios y toda clase de prácticas espirituales, a la introspección interior, o ésta es exclusivamente una gracia de Dios?

■ A la introspección interior se puede acceder mediante la meditación y el seguimiento de una senda espiritual. No obstante, la introspección es siempre una gracia que nosotros mismos no podemos provocar.

Uno de los padres del desierto dijo que sólo un alma sin pasiones puede encontrar a Dios. ¿Por qué son las pasiones tan nocivas para la oración?

■ Evagrio Póntico explica en su libro *Sobre la oración* que el ser humano, al orar, se encuentra primeramente con sus pasiones: su enojo, su sexualidad y sus preocupaciones.

Pero tiene que dejar atrás esas pasiones, pues sólo así surgen en él pensamientos piadosos, sentimientos elevados o imágenes bellas de Dios. Ahora bien, según Evagrio, Dios también está más allá de esos pensamientos, sentimientos e imágenes. Por eso la verdadera oración consiste en la unión con Dios más allá de las pasiones. Pero es siempre un breve momento. Las pasiones me apartan de la oración, falsean mi oración y me llevan a formarme mi propia y errónea imagen de Dios. Sólo cuando se acallan en mí las pasiones, puedo llegar a ser uno con Dios en la absoluta paz de mi corazón. En ese momento las pasiones no tienen ningún poder sobre mí.

¿Piensa usted que sólo los monjes pueden alcanzar ese espacio de paz interior o que, por el contrario, tal experiencia está al alcance de cualquier persona?

■ En todo ser humano existe un espacio de paz. En la mayoría de los casos, todo lo que ocurre es que estamos separados de él. Encima de ese espacio de calma se ha formado una gruesa capa aislante, hecha de preocupaciones y problemas. Como en la oración o en la meditación permanecemos en silencio y prestamos oído a nuestro interior, entramos en contacto con ese espacio de silencio, aunque sólo sea durante unos breves momentos.

Ese espacio de silencio es un lugar en el que Dios mora en nosotros. A ese espacio interior no tienen acceso las personas con sus exigencias y sus expectativas, con sus juicios y sus prejuicios, como tampoco los pensamientos y las pasiones de cada uno. Isaac de Nínive define ese lugar como «el tesoro interior». Precisamente ahí, en el silencio, donde Dios mora, entro en contacto con mi auténtico yo, con la imagen primigenia y no falseada que Dios tiene de mí.

¿Cómo puede la persona mantener ese espacio interior de silencio en el agitado mundo de hoy, en el que a diario nos asalta toda una serie de problemas y percepciones perturbadoras?

■ A mí, personalmente, me ayuda acordarme del espacio interior, una y otra vez, a base de pequeños rituales durante el día. En el transcurso del día, busco constantemente la posibilidad de distanciarme durante un par de minutos. Pero esos minutos me los tengo que procurar deliberadamente. A decir verdad, todo depende de las condiciones concretas de mi vida. Si una mujer tiene un hijo, no puede ponerse a meditar en cuanto se despierta. En cambio, algunas madres me han dicho, por ejemplo, que en el baño tenían cinco minutos para ellas. Ése es el momento de que pueden disponer libremente. A mí ese momento me transmite también la sensación de una absoluta libertad interior, un sentimiento de que no soy dirigido constantemente, durante todo el día, por una fuerza ajena a mí. Naturalmente, yo no estoy durante todo el día en contacto con mi espacio interior. Pero precisamente cuando me acosan demasiadas preocupaciones, intento imaginar que hay en mí un espacio en el que Dios mora y hasta el que ahora no llega todo el bullicio exterior, con sus problemas y sus conflictos. Eso me proporciona distancia interior y genera en mí amplitud y libertad.

Alguien dijo en cierta ocasión que la mayoría de nuestros problemas tienen su origen en que sólo reaccionamos a estímulos exteriores y no vivimos suficientemente de la profundidad de la paz.

■ Sí, la psicología transpersonal dice que la mayoría de los problemas se deben a que sólo reaccionamos a los estímulos exteriores. Cuando quedamos atrapados en un conflicto, nos lamentamos o procuramos solucionar el conflicto. Eso nos priva de muchísima energía. Por eso deberíamos tratar de impedir que nuestra vida sea determinada por los conflictos. Si, al producirse un estallido de nuestras emociones, no nos dejamos arrastrar al conflicto, sino que reflexionamos brevemente, descubriremos en nosotros una paz en la que, a pesar de todas las turbulencias exteriores, experimentaremos una profunda paz y libertad. Esa actitud se convertirá también en una poderosa arma cuando nos encontremos en situaciones difíciles durante la vida, pues nos permitirá mantener una distancia interior con respecto a los conflictos y nos dará fuerzas para enfrentarnos a ellos. Así impediremos que los problemas determinen nuestra vida.

Usted escribe sobre el poder salvífico de la oración. ¿Puede decirnos en pocas palabras dónde radica ese poder?

■ He comprobado que algunas personas se curan porque piden a Dios su curación. Pero también he conocido a personas que han seguido enfermas a pesar de haber orado constantemente. Para mí, el poder sanante de la oración no consiste en que Dios cure todas mis enfermedades, sino más bien en que, cuando estoy enfermo, estoy en contacto con el espacio interior de la paz, en el que me encuentro a salvo. Ahí la enfermedad no tiene poder sobre mí. Eso hace que, incluso en la enfermedad, interiormente esté lleno de paz y no sufra depresiones. Y, a la postre, eso puede hacer que mi enfermedad se cure. Pero eso es siempre voluntad de Dios, a quien me entrego. Si en la oración me dirijo realmente a Dios, mi alma se curará, y es sabido que un alma sana hace que, a veces, el cuerpo se cure. Pero incluso cuando el cuerpo sigue enfermo, experimento una curación interior en la oración.

¿Tiene usted la impresión de que en nuestro tiempo ha decrecido la importancia de las oraciones o plegarias ya hechas? En Occidente, muchas personas no aprecian el rosario. ¿Por qué ha descendido tanto su práctica?

■ En ese punto debería ocurrir lo contrario. Ahora hemos vuelto a aprender la oración mántrica, que nos ha llegado de Oriente y en la que se establece una relación entre la respiración y la palabra. El rosario pertenece al tipo de oración mántrica, pero además es una oración basada en la meditación. No se trata de pensar en cada una de las palabras, sino en crear, a través de las palabras recurrentes, una atmósfera de paz y recogimiento que nos abra a Dios. El rosario es una sencilla forma de meditación. Yo lo aprendí de mi madre, que cada día, después del desayuno, rezaba dos rosarios por sus hijos y sus nietos. El hecho de que, a su edad, pudiera hacer todavía algo por los demás le daba fuerza y consuelo. En vez de lamentarse, rezaba el rosario, pues era una fuente de alegría vital para ella.

6. Me aterra la brutalidad de los piadosos
De la fe y la psicología

Hoy en día, el «cuidado del alma» ha entrado en una creciente pugna con la psicología. Se diría incluso que en nuestro tiempo la psicología ha asumido una tarea que pertenece a la teología y a la pastoral de la Iglesia. ¿Se debe eso, en su opinión, a la incapacidad, por parte de la Iglesia, de ofrecer a las personas de hoy una ayuda comprensible en la solución de sus problemas?

■ Indudablemente, la Iglesia ha perdido competencia en el ámbito de su actividad pastoral. No se ha preocupado lo suficiente del alma de la persona como individualidad ni ha estudiado la estructura del alma para poder ayudarla adecuadamente en su camino para llegar a ser persona. Debería aprender de nuevo la sabiduría de los padres del desierto, que en su tiempo fueron auténticos terapeutas para las personas que buscaban ayuda.

En los Estados Unidos está muy difundida la costumbre de tener un psicoterapeuta. ¿Se trata de un fenómeno puramente americano, de una moda o de algo con raíces más profundas?

■ En primer lugar, la visita regular al terapeuta es sin duda un fenómeno americano, pero también en Alemania se está imponiendo la costumbre. Probablemente, el fenómeno tiene su origen en la merma de las relaciones interpersonales que actúan como base de sustentación. Antes se podían comentar muchas cosas con un amigo o una amiga, o bien con un «director espiritual» o con un confesor. Hoy eso ya no es tan habitual. El ser humano tiene cada vez menos tiempo para sí mismo y para un adecuado intercambio de ideas. Eso es válido también para la acción pastoral, ya que el intenso trajín hace imposible una conversación serena y distendida.

Hoy, en muchos casos, el psicólogo ocupa el lugar que antaño ocupaba el confesor. ¿No cree usted que la Iglesia ha descuidado un tanto su deber? Muchos creyentes ven en el sacramento de la confesión exclusivamente el cumplimiento de una obligación religiosa.

■ Hemos permitido que la confesión se convierta en un ritual vacío. La conversación forma parte de una confesión bien entendida, pero en las confesiones masivas la conversación se pierde en gran parte. Para muchas personas, la confesión podría ser una excelente posibilidad de hablar sobre los lados oscuros y sobre la culpa y para experimentar la aceptación incondicional por parte de Dios en la absolución. Por tanto, debemos encontrar no sólo nuevas formas de confesión –por ejemplo, la confesión en el transcurso de una conversación– sino también fomentar la formación psicológica de los sacerdotes, pues los que se confiesan buscan a alguien que les comprenda y puedan ayudarles en su camino espiritual gracias a su competencia profesional.

Ese problema ha persistido durante siglos. Incluso cuando había suficientes sacerdotes, la confesión era un rito formal. Hasta hace poco, se utilizaba el llamado «espejo de la confesión», que era en realidad una lista de pecados graves y leves. ¿Qué opina usted de esa modalidad de la confesión y qué habría que cambiar concretamente en la confesión?

■ En los últimos siglos, realmente, la confesión era demasiado formal. Aun así, la confesión sigue siendo una importante posibilidad sanadora que ofrece la Iglesia, como hoy reconocen todos los psicoterapeutas. Por ese motivo, seguramente nos haría bien descubrir nuevamente la dimensión psicoterapéutica del sacramento de la reconciliación. Entonces las personas visitarían más a menudo a su confesor. Ciertamente no tan a menudo como hace, por ejemplo, cien años, pero sí en momentos en los que realmente es necesaria. El «espejo de la confesión» ofrece sin duda una cierta ayuda, pero, naturalmente, no debe conducir a un formalismo carente de espíritu. Simplemente, debería proporcionar estímulos con vistas al escrutinio de la conciencia propia.

En sus libros, usted combina a menudo la visión de la fe con la visión de la psicología. ¿Puede bastar hoy con una asistencia espiritual que no tenga en cuenta los descubrimientos de la psicología moderna?

■ La persona que asiste espiritualmente a otras tiene que conocer el alma de esas otras personas. La tradición espiritual ha acumulado ciertamente una gran sabiduría acerca del modo en que hay que tratar la *psique* humana. Pero hoy el saber espiritual tiene que ir unido al saber de la psicología, para que podamos ayudar a las personas. Quien desea brindar hoy asistencia espiritual a las personas corre el peligro de llevarlas por caminos erróneos hasta ideales morbosos, si no descubre a tiempo los rasgos patológicos, las neurosis, las heridas internas o las falsas representaciones.

¿Cuál es para usted la principal aportación de la psicología en la solución de las cuestiones religiosas? ¿Qué puede ofrecer la psicología a la fe?

■ La psicología no soluciona las cuestiones religiosas, pero nos anima a preguntar a nuestra fe cuándo se apoya en representaciones infantiles, cuándo nos incita a huir ante la realidad de nuestra alma. La psicología también cumple una función crítica con respecto a la religión. Pero precisamente la psicología de C.G. Jung y la psicología transpersonal me han dado una gran confianza en mi camino espiritual. Me han mostrado que mi camino espiritual también conduce a la salud psíquica y da sentido a mi vida.

La ventaja de la psicología consiste, en líneas generales, en que contempla el alma como un todo. Me ayuda a cobrar conciencia de toda mi existencia. Mi relación con Dios sólo puede ser una relación viva si consigo poner ante él todo lo que se oculta en mí. A menudo me encuentro con personas piadosas que comparecen ante Dios únicamente con una parte de su yo. No son capaces de mostrarle también las profundas heridas de su alma. Por eso su relación con Dios no puede ser una relación viva. La psicología me ayuda, pues, a erradicar mis propias heridas, pero no puede dar sentido a mi vida, toda vez que eso sólo puede hacerlo la fe. Para poder comparecer con mis problemas ante Dios, tengo que reconocerlos antes. Sólo entonces pueden producirse en mí la transformación interior y la curación.

Con respecto a la espiritualidad, la psicología desempeña la función crítica que ya hemos mencionado. Puede descubrir, por ejemplo, que con su espiritualidad una persona sólo pretende asegurar su camino. Tan pronto como la espiritualidad se convierte para el ser humano en un medio con el que elimina problemas o los elude, esa práctica espiritual –o incluso la concepción de Dios– puede convertirse en una droga. La psicología ofrece, pues, un importante criterio para comprobar la autenticidad de la fe: siempre que la fe y la vida espiritual conducen a la revitalización, a la libertad interior, a la paz de corazón y a la armonía con uno mismo, se trata de un camino saludable.

Algunos creyentes advierten del peligro de la psicologización de la fe. ¿En qué circunstancias podría sustituir la psicología a la fe?

■ La psicología no debe ser la última norma para la fe. La fe va más allá de la psicología. Aun así, la meta de la fe no consiste ante todo en obtener la salud psíquica, sino en abrirse ante Dios y satisfacer nuestras ansias humanas en Él.

También lo preguntamos porque el ser humano podría disculpar algunas cosas desde una perspectiva psicológica y luego, en el ámbito espiritual, no llamar ya a las cosas por su nombre. Cabe la posibilidad de explicar determinadas faltas remitiéndolas hábilmente a una herida interior...

■ Aunque intento comprender el comportamiento humano, que a menudo se ve condicionado por heridas y temores, existe una culpabilidad real, que la psicología también conoce. Con ella hay que acudir a Dios. El psicólogo sólo puede explicarnos las causas de nuestro comportamiento. Y puede mostrarnos cómo podemos eludir nuestra culpa para que no nos aplaste. Pero no puede hacerla desaparecer y otorgarnos el perdón.

Hemos dicho que sus libros son leídos por muchos jóvenes que ciertamente tienen unos problemas y una mentalidad que no son los problemas y la mentalidad de la generación a la que usted pertenece. ¿Es hoy más difícil retener a los jóvenes o ganarlos para una vida espiritual?

■ He trabajado con jóvenes durante 25 años. En esa actividad he aprendido a apreciar sus anhelos espirituales. Naturalmente, hoy también hay muchos jóvenes que muestran muy escaso interés por la fe. Pero eso se debe muchas veces a influencias externas que actúan sobre ellos, más que a una auténtica indiferencia. Pienso que los jóvenes están abiertos a las cuestiones de la fe cuando acertamos a encontrar un lenguaje que los motiva y les llega al corazón. Por eso es importante transmitirles una auténtica espiritualidad. A la gente joven no le gustan las formas rancias, anticuadas, convencionales, detrás de las cuales no descubren vida auténtica, sino tan sólo unas pautas impuestas por la rutina. Para ellos lo que cuenta es una vivencia auténtica, no someterse ni someter su vida a las normas existentes.

Usted ha recordado que hasta que inició sus estudios de teología era muy duro consigo mismo. ¿En qué sentido?

■ Cuando ingresé en el convento, quería luchar contra todas mis faltas y debilidades como ese rey con diez mil soldados del que habla Jesús en una de sus parábolas (Lc 14,31ss). Yo confiaba en la fuerza de mi voluntad y pensaba: si quiero, voy a conseguirlo. En realidad, no había apreciado debidamente mis verdaderas necesidades y deseos. Naturalmente, fracasé en el intento, pues mis faltas y mis debilidades me atrapaban una y otra vez. Entonces Dios me mostró otro camino, el de la misericordia.

¿Qué fue lo que más le ayudó entonces?

■ El conocimiento de la psicología y la práctica de la meditación han contribuido a mi liberación interior. Sobre todo, me han ayudado a hablar con mis hermanos y a recorrer con ellos un camino espiritual que conduce a la libertad y la vitalidad.

¿Qué ha aprendido usted, concretamente, de la meditación zen y de la psicología jungiana?

■ De la meditación zen he aprendido, por una parte, a sentarme en silencio y mantener la postura adecuada y, por otra, he aprendido que no se trata de meditación, sino de la existencia pura en el instante, de un camino hacia el centro interior. De la psicología jungiana he aprendido que la religión forma parte del ser humano como elemento esencial. El estudio de la doctrina de C.G. Jung me ha animado a interpretar de nuevo y a comprender de otra manera los símbolos de la liturgia y las imágenes de la Biblia. Al mismo tiempo, he aprendido de Jung a prestar atención al efecto que la espiritualidad produce en los seres humanos. Cada vez que la espiritualidad empequeñece al ser humano y hace que enferme, puede afirmarse que esa espiritualidad no responde al espíritu de Jesús. La espiritualidad también tiene que ver, en términos esenciales, con el proceso humano de devenir uno mismo (acceder al *Selbst*). El que inicia un camino espiritual encuentra su verdadero *Selbst,* pero a lo largo de ese camino tiene que ver la realidad propia, precisamente también con sus lados oscuros, y trabajar en ella.

Usted ha escrito también que en el convento deberían ingresar personas que buscan el placer de vivir. ¿Por qué es tan importante eso?

■ En mi trabajo en la casa de acogida –una casa para sacerdotes y monjes que atraviesan una crisis– observo que muchos sacerdotes y monjes no eligieron su camino espiritual porque buscaran el placer de vivir. Lo que hicieron fue huir de la vida. El que ingresa en el convento para eludir los problemas de la vida y encontrar un camino cómodo en la comunidad, difícilmente puede encontrar a Dios. En realidad, Dios sólo está allí donde hay vida auténtica. En el Evangelio de Juan se dice de Jesús, como encarnación de la Palabra: «Lo que se hizo en ella era la vida» (1,4), mientras que en la primera carta de Juan leemos: «...pues la Vida se manifestó, y nosotros la hemos visto y damos testimonio» (1 Jn 1,2). Sólo quien busca la vida encontrará a Dios. Y, en sentido inverso, se puede decir que sólo quien de verdad busca a Dios encuentra la vida en su plenitud. Cuando ingresan en el convento personas que niegan la vida, el convento no transmite vida. No se anuncia a Cristo, el creador de la vida, sino una imagen de Dios confeccionada por uno mismo.

Algunos jóvenes sueñan con vivir cuanto antes «en el cielo», o sea, convertirse en personas espirituales. Con frecuencia persiguen ese ideal de manera muy radical.

■ Cuando los jóvenes son sólo espirituales y hablan en términos muy eufóricos de sus experiencias religiosas, los escucho y tomo en serio sus experiencias. Pero luego les pregunto por su vida concreta, por sus prácticas diarias: «¿A qué hora te levantas?, ¿cómo te va en el trabajo?, ¿cómo estudias?, ¿cómo son tus relaciones?...». Subrayo lo de la *vida concreta* para que no destaquen su espiritualidad sino que la integren en la vida diaria. De lo contrario, su espiritualidad no sería más que una huida de la vida diaria, un narcisista girar en torno a sí mismos. Veo el peligro en algunos jóvenes inestables que buscan la espiritualidad para hacerse los interesantes y ocuparse exclusivamente de sí mismos.

Ahí aparece también el peligro ya mencionado: si me veo a mí mismo como ideal, querré rechazar o reprimir todo lo que no responde a esa imagen ideal. Aun así, las cualidades negativas que han sido reprimidas vuelven a aflorar con el tiempo, y uno va a proyectarlas en otras personas, a las que a partir de ese momento va a combatir y condenar.

De acuerdo con mis experiencias con sacerdotes, monjes y seglares creyentes, he podido comprobar que en el ser humano hay dos fuerzas básicas que contradicen el ideal que él se ha formado de sí mismo. Por eso intentamos reprimirlas. Se trata de las dos energías vitales más importantes: la agresividad y la sexualidad. El problema radica en que para reprimir esas poderosas fuerzas necesitamos toda nuestra energía vital, mientras que el resultado es sumamente dudoso.

¿Por qué se intranquilizan y traumatizan los creyentes precisamente a causa de la sexualidad, cuando la avaricia y la soberbia religiosa son mucho más peligrosas para la espiritualidad del ser humano?

■ Todas las culturas y todas las religiones ven la sexualidad como algo fascinante, pero al mismo tiempo como algo capaz de hacer que el ser humano pierda la razón. Las personas espirituales viven la sexualidad como una fuerza propia que perturba sus pensamientos espirituales y les hace perder su equilibrio interior. Sin embargo, la represión de la sexualidad también tiene su origen en un profundo miedo a la sexualidad tal como ha venido explicándola especialmente la moral de la Iglesia católica desde hace siglos. Esa misma Iglesia se centró excesivamente en la represión de la sexualidad, en lugar de ocuparse de su transformación, pues no vio en ella una fuente de espiritualidad, como hizo siempre la mística.

¿Puede ser más explícito? Para muchos, la relación de la sexualidad con la mística es algo inimaginable.

■ En la mística, así como en la sexualidad, se produce el éxtasis, en el que se deja que el yo propio se extinga, se olvide de sí mismo. En la sexualidad, uno deja que su propio yo se funda en el amor a una persona, pero en ese amor humano uno también puede percibir algo del infinito amor de Dios. En la mística busco la misma experiencia, la unión en el amor de Dios. Recordemos que los místicos siempre explican su experiencia con Dios utilizando como ayuda el lenguaje erótico, pues es el que mejor puede describir lo que Dios proporciona al ser humano cuando se hace uno con él.

¿Cómo puede acceder una persona joven a una concepción sana de la sexualidad en la comunidad eclesial y en la familia, si este tema constituye a menudo un tabú, y al pecado en este ámbito se le atribuye una gravedad muy especial?

■ Lo importante es que la persona joven trate amistosamente su sexualidad, que la comprenda como un regalo de Dios. Pero al mismo tiempo tiene que aprender a permanecer libre en el trato con dicha sexualidad y no dejarse determinar ni dividir interiormente por ella. Pablo dice de la sexualidad: «Todo me es lícito, mas no todo me conviene; todo me es lícito, mas no me dejaré dominar por nada» (1 Co 6,12). La sexualidad es buena, pero no debe llegar a tener poder sobre nosotros, porque, si nos domina, nos hace perder el equilibrio.

Hablemos todavía de la segunda fuerza: la agresividad. ¿Dónde podemos encontrarla en la Iglesia?

■ Ante todo, hay que hacer constar que la agresividad es esa fuerza que clarifica la relación proximidad-distancia. En realidad, la palabra «agresión» significa acercarse a algo, asir algo, tomar algo en la mano. La agresividad no debe convertirse nunca en autoagresión, como ocurre en algunas variantes de la devoción religiosa, ni tampoco debe ir dirigida contra otra persona.

¿Qué causas tienen esas formas nocivas de agresividad en la vida espiritual?

■ Las raíces de esas actitudes, en las que uno se muestra muy agresivo consigo mismo –y a menudo, en nombre de Dios, también con otras personas– se basan muchas veces en una experiencia de desamparo interior. La persona que no se ha sentido deseada como hijo dirige contra sí mismo la cólera que siente hacia sus padres. El ser humano es agresivo, a menudo incluso destructivo, consigo mismo, porque para él es la única manera de percibirse.

¿Es también el perfeccionismo una forma especial de agresividad para con uno mismo?

■ El perfeccionista desearía borrar todas las faltas con violencia. Eso es inhumano, pues el ser humano no es Dios, sino un ser humano. Y las debilidades y los lados oscuros también forman parte de él. Sólo cuando el ser humano se acepta a sí mismo tal como es, puede caminar y avanzar en su camino interior. Quien lucha contra sus faltas está permanentemente sujeto a ellas y no consigue desprenderse de ellas. Las faltas llegan a desarrollar una fuerza de signo opuesto tan poderosa que, o bien no podrá vencerla, o bien se mostrará cada vez más cruel consigo mismo y, en consecuencia, con los demás.

En este contexto, algunas personas aducen en contra las palabras con las que Jesús nos dice que debemos ser perfectos «como es perfecto nuestro Padre celestial».

■ La palabra griega que Jesús emplea en el Evangelio de Mateo es *teleios* (Mt 5,48). «Perfecto» significa aquí orientado total y absolutamente a un fin. Jesús no se refiere al hombre perfecto. Más bien indica que el ser humano que se ha sentido en la oración como hijo o hija de Dios es capaz de adoptar otro comportamiento. Y si se comporta de otra manera, participa de Dios, experimenta cómo es Dios. No sólo la oración, sino también el comportamiento, conduce a la experiencia de Dios. Y, en sentido inverso, la auténtica experiencia de Dios conduce a un nuevo comportamiento y a una nueva actuación. Jesús no se refiere a la persona libre de faltas, sino al ser humano nuevo que está marcado por el espíritu de Dios y, por tanto, es capaz de amar también al enemigo y sanar el desgarro que divide a la sociedad humana.

A propósito de la agresividad en la vida espiritual, ¿se debe tal vez a una educación dura y unilateral o a la falta de un modelo positivo de hombre en la familia?

■ Una causa de la agresividad en la vida espiritual es, sin lugar a dudas, la falta del padre. Quien no ha conocido un padre como instancia ordenadora no tiene referencias para un orden sanante. Para él, el orden será una medida excesiva. Y quien no ha conocido a su padre como el hombre que le ayuda a fortalecer su personalidad, se busca normas rígidas como sucedáneo. Con ello se convertirá en una persona rígida y sin movilidad. Si alguien quiere ayudarle, no puede proceder directamente contra su agresividad. Es importante tratar a la persona autoagresiva con benevolencia y mostrarle maneras que le permitan aceptar su falta de padre y reconciliarse consigo mismo.

Usted escribió en cierta ocasión que las pasiones reprimidas generan una conciencia dura. ¿Puede desarrollar con más detalle esa idea?

■ Es una ley psicológica que la agresividad con que yo lucho contra mis pasiones se fija en mi conciencia. Esto vale, sobre todo, para la represión de la sexualidad. A menudo, justamente las personas que combaten agresivamente su sexualidad no se dan cuenta de que su conciencia se ha convertido en un juez inmisericorde, no sólo para con ellas mismas, sino también para con los demás. El terapeuta suizo Furrer dice a este respecto: «La brutalidad es siempre sexualidad reprimida». Este problema aparece con relativa frecuencia en los cristianos. Es la brutalidad de no pocos cristianos piadosos que viven su sexualidad reprimida combatiéndola brutalmente en otras personas y criticándolas como inmorales y poco exigentes. Muchos fundamentalistas también se comportan brutalmente con los cristianos que no tienen sus mismos puntos de vista o viven de una manera un tanto diferente de como ellos, tan «piadosos», consideran correcto.

Junto a la conciencia severa hay también una conciencia timorata o, si se prefiere, escrupulosa. ¿Se trata del mismo problema?

■ Sí. La conciencia escrupulosa es una forma de autoagresión. Uno se condena constantemente a sí mismo. La mayoría de los cristianos escrupulosos que he conocido giran una y otra vez en torno a su sexualidad. Se critican a sí mismos porque, por ejemplo, tienen fantasías sexuales sobre el sacerdote cuando reciben la comunión. Viven de manera inconsciente su sexualidad reprimida, haciéndola objeto permanente de sus confesiones, y terminan poniendo nervioso al sacerdote con sus continuas alusiones a este tema.

¿Por qué encontramos esa rigurosa espiritualidad precisamente en personas con una marcada disposición espiritual, que no carecen de los necesarios conocimientos religiosos y que saben que Dios es misericordioso?

■ Tenemos que distinguir entre nuestras imágenes conscientes y nuestras imágenes inconscientes de Dios. Conscientemente creemos a menudo en un Dios misericordioso. Pero en nuestro inconsciente están todavía las imágenes de nuestra infancia: la imagen de Dios como juez severo, la imagen de Dios como contable escrupuloso, la imagen de un Dios arbitrario y caprichoso... Esas imágenes de Dios tienen su origen no tanto en la educación religiosa cuanto en nuestra vivencia de la figura del padre y de la madre. A menudo, la doctrina teológica no se pronuncia contra esa vivencia proto-infantil.

¿Podría citar un ejemplo concreto de esa proyección?

■ Como ya he dicho, muchas veces el ser humano proyecta su experiencia del padre o de la madre sobre Dios. Si, por ejemplo, el padre era una persona inestable, el ser humano se muestra básicamente desconfiado con Dios. Entonces tiene en su alma la sensación de que Dios le tacha arbitrariamente todos los planes y no le consiente nada. Estas proyecciones, nocivas para la salud mental, sólo pueden curarse si se investigan sus raíces, las cuales arrancan de experiencias tenidas en la infancia temprana. Para poder distanciarse de ellas hay que vivirlas de nuevo, y para ello se requiere la agresividad que esas imágenes negadoras de la vida arrojan fuera del alma. Sólo así se genera espacio para las imágenes sanadoras de la Biblia.

¿Y qué imágenes sanadoras ofrece la Biblia?

■ En nosotros, junto a la mencionada experiencia básica del padre o la madre, hay también una imagen arquetípica de Dios, una imagen que rebasa el ámbito de la experiencia personal. La Biblia nos muestra los aspectos sanantes de esa imagen de Dios. En el Antiguo Testamento aparecen, por ejemplo, en los Salmos y en los textos de los profetas que proclaman el misericordioso amor de Dios a su pueblo y a cada uno de sus miembros. Entonces, Jesús nos muestra al Dios que no nos juzga, sino que nos infunde coraje. Le presenta como padre misericordioso que abraza a su hijo perdido y espera pacientemente a que el ser humano vuelva a él. Así pues, las imágenes bíblicas sanantes nos describen a Dios, por una parte, como Padre que da a sus hijos lo que necesitan y, por otra, como madre que ofrece refugio, seguridad, paz y hogar. Al mismo tiempo, Dios supera todos los valores de nuestros padres terrenos.

¿No ha contribuido la Iglesia, en el pasado, a la creación de esas falsas y timoratas imágenes de Dios?

■ Aquí hay que distinguir bien. La Iglesia como tal y en su conjunto nunca ha creado una imagen de Dios; quienes la han creado han sido siempre personas concretas. Por lo demás, es cierto que la Iglesia ha respaldado esas falsas imágenes de Dios mediante una teología que trabajaba más con el miedo que con la confianza. El que propaga el miedo adquiere poder sobre las personas. El que inculca una mala conciencia al ser humano ejerce su poder sobre él de manera sutil. Lamentablemente, la Iglesia no se ha visto libre de esa tentación.

También hay sacerdotes que difunden una imagen de Dios un tanto insana. Un sacerdote que tiene miedo a Dios difundirá una imagen temible del Hacedor. Conozco a una serie de sacerdotes que han estudiado una buena y sólida teología y creen teóricamente en la misericordia de Dios, pero en su sub-

110

consciente temen que Dios pueda mostrarse también como un ser despótico. En tal caso cabe la posibilidad de que el sacerdote, a pesar de haber aprendido una teología correcta, transmita una falsa imagen de Dios. Aun así, si examinamos la historia de la Iglesia, comprobamos que la mayoría de los teólogos tenían una imagen correcta de Dios. Pero, por otra parte, también hay una serie de malos mensajeros de la palabra de Dios que han dado señales de miedo o no han hecho sino abusar de Dios para tener poder sobre otras personas.

No obstante, en líneas generales puede decirse que la primera causa de las imágenes temibles de Dios se encuentra en la educación recibida durante la primera infancia.

Las falsas imágenes de Dios suelen guardar relación con una excesiva severidad en asuntos de moral. ¿Dónde está, en su opinión, el peligro del excesivo rigor en la vida espiritual? ¿Es conveniente ocuparse de este asunto?

■ El rigor excesivo no es bueno para la salud del ser humano, pues le obliga a disociar muchas cosas que hay en él. El rigor excesivo conduce también a la división en la sociedad y en la Iglesia, pues las personas rigurosas difícilmente pueden formar una comunidad. Como la Iglesia es esencialmente una comunidad, no puede cerrar los ojos ante ese problema. Las comunidades conventuales que han acogido a muchas personas rigurosas se han deshecho al cabo de poco tiempo a causa de sus luchas internas. Por ese motivo, revelar las causas del rigor excesivo afecta en última instancia al futuro de la Iglesia.

Uno de sus libros se titula Tratarse bien a sí mismo. *Sin embargo, en la Iglesia no se oyen a menudo tales palabras, sino que se habla más bien de abnegación, humildad, ayuno, cruz, etc. ¿Por qué es necesario que la persona se trate bien a sí misma?*

■ Jesús dice en el Evangelio de Lucas: «Sed compasivos como vuestro Padre es compasivo» (Lc 6,36). Pero ser compasivo significa tratarse bien a sí mismo, tener un corazón compasivo para con el pobre, el débil y el abandonado que hay en uno mismo. Tratarse bien a sí mismo no es sino otra manera de expresar la misericordia que, tanto según el Evangelio de Mateo («compasión quiero, no sacrificios») como según el Evangelio de Lucas, caracteriza a la persona de Jesús. También debe presidir la actitud de los cristianos, pues el mismo Jesús dice: «Ama a tu prójimo como a ti mismo». Por consiguiente, sólo puedo amar a los demás si me amo a mí mismo.

¿Cómo se puede distinguir el amor a sí mismo del egoísmo?

■ El concepto de egoísmo se refiere a una realidad completamente distinta, consistente en girar única y exclusivamente en torno a uno mismo. Absolutizo el amor a mí mismo sin vivir el otro polo, el del amor al prójimo. También esto lleva a la unilateralidad y a la división. Únicamente quien vive la saludable tensión entre amor a sí mismo y amor al prójimo lleva una vida sana y mantiene una actitud vital.

Pero ¿qué significa, concretamente,
«tratarse bien a sí mismo»?

■ Naturalmente, no significa ceder a todos los deseos y necesidades propios. Ésa sería una actitud propia de una persona débil. Quien desea ver satisfechos todos sus deseos al momento, nunca podrá desarrollar un «yo» fuerte. Tratarse bien a sí mismo significa, en el fondo, aceptar la existencia propia, pues sólo entonces puede uno cambiar y dejar que crezca algo en él. Así pues, tratarse bien no significa quedarse donde uno está, sino, por el contrario, confiar en que el núcleo positivo se haga cada vez más visible. Pero para que sea efectivamente así, tengo que fijarme a mí mismo unos límites sólidos, lo cual no significa que tenga que mostrarme despiadado conmigo mismo.

C.G. Jung escribe precisamente sobre la necesidad de aceptarse a sí mismo. Para él, la autoaceptación es una manera de imitación de Cristo. ¿Está usted de acuerdo con Jung en ese punto?

■ La aceptación de sí mismo es sin duda el lado psicológico del amor a sí mismo que Jesús predica. En ese sentido, ahí Jung traduce al lenguaje de la psicología una importante demanda de Jesús. En este punto estoy plenamente de acuerdo con Jung.

¿Comprueba usted una y otra vez que algunos sacerdotes y monjes están divididos interiormente, que no se han reconciliado consigo mismos?

■ Sí. A veces me sobrecoge comprobar cómo sacerdotes que han predicado durante décadas la misericordia de Dios son personas descontentas o infelices interiormente. También me encuentro con religiosas que se han dedicado durante años a cuidar enfermos y después, cuando llegan a la vejez, se convierten en personas amargadas. Eso demuestra que no se han tratado bien a ellas mismas ni sus necesidades. Quien sólo atiende a otras personas y, al hacerlo, descuida las necesidades propias, en algún momento se verá asaltado por los deseos reprimidos, y éstos cobrarán tanta intensidad y tanto apremio que sólo le producirán decepción y amargura. Y es muy posible que entonces, de pronto, esa persona se vuelva más egocéntrica que todas aquellas personas a las que, en su espiritualidad, miraba desde arriba. A menudo me encuentro también con personas que están desgarradas interiormente y transmiten al exterior su desgarro. Entre dichas personas hay también sacerdotes que dividen a sus parroquias porque ellos mismos están divididos. Y también me aterran esas personas a las que no les falta piedad, pero que no son capaces de ser compasivas y receptivas consigo mismas y con los demás.

113

¿Debe embarcarse en la vida religiosa una persona que es in-
capaz de establecer unas relaciones humanas normales?

■ Sería fatal que sólo eligieran la senda espiritual jóvenes
que son incapaces de mantener unas relaciones humanas normales. Lo que harían entonces sería ideologizar en el celibato
su incapacidad de establecer relaciones. Pero ése no es el sentido del celibato por el reino de los cielos (véase Mt 19,12) de
que habla Jesús. El celibato por el reino de los cielos sólo puede vivirlo quien es capaz de mantener relaciones y, por eso
mismo, puede fomentarlas. Los jóvenes que optan por la vida
religiosa no tienen que estar maduros, pero sí tienen que estar
dispuestos a iniciar un proceso de maduración.

Usted ha dicho alguna vez que le aterra encontrarse con per-
sonas piadosas que no son compasivas. ¿Dónde encuentra us-
ted a esas personas?

■ A veces, cuando pronuncio una conferencia, me encuentro con personas que opinan sobre otras personas de una manera realmente despiadada. O recibo cartas de personas que
desearían verme en el infierno. Además, me asusta ver cuánta
agresividad se esconde detrás de esa actitud devota. ¿Pueden
realmente creer en Dios personas que desean que, a ser posible, vayan al infierno muchos de sus semejantes? Ahí hay algo que no funciona. Me pregunto qué han tenido que reprimir
para ser tan duras.

Usted escribió una vez: «El que observa a otras personas pa-
ra ver si su vida responde a las normas externas, como hací-
an los fariseos, las mata». ¿No le parece que son palabras un
tanto duras?

■ A los fariseos, que observaban si Jesús curaba en sábado,
el Señor les preguntó: «¿Es lícito en sábado hacer el bien en
vez del mal, salvar una vida en vez de destruirla?» (Mc 3,4).
Por tanto, Jesús está convencido de que aquel para quien las

normas son más importantes que la curación de una persona, hace el mal, pues en última instancia mata. El ser humano no puede vivir en un clima de absoluta legalidad, pues se anquilosa y muere.

En otro momento usted admite que la agresividad también puede desempeñar una función positiva. ¿Cómo puede la agresividad ser provechosa para un cristiano?

■ Como ya he dicho, la agresividad desempeña a veces la función de clarificar la relación proximidad-distancia. La agresividad proporciona la fuerza que me permite establecer una cierta distancia con los demás y prescindir de su influencia en mi vida. La agresividad me ayuda a arrojar lejos de mí a aquel que me ha herido, y a distanciarme de él. De ese modo, los sentimientos negativos hacia quien me ha herido pierden también su poder sobre mí. Pero no debo quedarme atrapado en la agresividad. Si soy capaz de mantener una distancia saludable con respeto a la persona que me ha herido, también debo ser capaz de perdonarla.

¿No debo perdonarla inmediatamente? El cristianismo predica el perdón, no la agresión. ¿No es así?

■ Es cierto. La agresión es a menudo un camino para llegar al perdón. A decir verdad, el perdón no aparece en el momento inicial de la ira, sino al final. El perdón supera la ira y conduce a la reconciliación con la otra persona. Perdonar significa desatender el comportamiento hiriente de otro ser humano, no referirlo a uno mismo. Perdonar significa decir: «Tu tienes derecho a ser como eres. Tu comportamiento me ha hecho daño, pero lo dejo en tus manos. Ya no te lo reprocho. Deseo que encuentres la paz». Para que yo pueda pronunciar esas palabras u otras parecidas con toda sinceridad, tengo que establecer antes una distancia con respecto a esa persona. Difícilmente podré perdonar a alguien que me ha herido en el instante mismo en que hunde su cuchillo en mi cuerpo.

Es evidente que la agresividad no guarda relación exclusivamente con el perdón. ¿Puede citar usted otro ejemplo de agresividad en sentido cristiano?

■ Ha habido muchos santos que han vivido perfectamente su agresividad, sin la cual no se habrían implicado tan a fondo en favor de las personas y del reino de Dios. El que se involucra apasionadamente en la renovación de la Iglesia, del bienestar de las personas, de la libertad y la justicia, vive su agresividad de una manera positiva. La agresividad es para él un impulso permanente que puede aplicar siempre. Pero hay que prestar atención al comportamiento de uno mismo para que no se encone. El encono es un aviso de que estoy dirigiendo la agresividad contra mí mismo. Y tengo que comprobar si respeto y quiero a las personas con las que tal vez tengo que luchar para crear estructuras justas. De lo contrario, mi agresividad se volverá destructiva.

Quiero citar otro ejemplo de cómo el ser humano puede procurarse un espacio vital mediante la agresividad. Recordemos que ni siquiera Jesús ayudó a todo el mundo. También se cuidaba de sí mismo. Éste es para mí un hecho importante. Yo no soy Dios, y por eso tampoco puedo hacer el bien sin medida. Tengo que ser también capaz de limitarme para poder ayudar una y otra vez. Necesito tiempo para reflexionar y establecer contacto con la fuente interior del Espíritu Santo que brota en mí. Es bueno que yo disfrute estando al servicio de otros y ayudándolos. Sin embargo, cuando percibo dureza y amargura interior, tengo la responsabilidad de defender mis propias fronteras. El hecho de que yo fije mis propias fronteras no es una característica del egoísmo, sino un síntoma del amor al prójimo: intento ponerme fronteras a mí mismo para ser capaz de dar constantemente.

Algunas escuelas psicológicas exigen que el ser humano se conozca mejor y se acepte con todas sus limitaciones y carencias. En otras palabras: el ser humano tiene que descubrir un valor propio. ¿Es la pérdida de la sensibilidad para captar el valor propio meramente una característica de los tiempos modernos?

■ En todos los tiempos, las personas han sufrido un deficiente aprecio del valor propio. Esto nos lo demuestra ya la historia de Zaqueo, el hombre pequeño de cuerpo que compensó su complejo de inferioridad acumulando todo el dinero que pudo. Jesús curó a Zaqueo aceptándolo sin reservas, y así le dio «prestigio». Esto le movió a dar a los pobres la mitad de sus bienes.

¿Cómo se distingue la terapia cristiana de la terapia puramente psicológica? La terapia psicológica se limita ahora a la autoaceptación, sin más pretensiones o valoraciones superiores.

■ Sin duda, es muy importante que contemplemos todo lo que hay en nosotros sin valorarlo inmediatamente. Es como es. Y deberíamos aceptarlo. Pero el segundo paso consiste en preguntarnos: ¿adónde quiero llegar en mi crecimiento? En este segundo paso, los ideales cristianos desempeñan un papel importante. Debo acercarme cada vez más a la imagen única que Dios se ha formado de mí. Y en mi vida debo reflejar algo de la actitud de Jesús, pero no imitar a Jesús de una manera automática. Mirarme en Jesús me obliga a crecer y a transformarme.

Para mí es una característica importante de la terapia cristiana el no quedarme ahí, en tratarme y sentirme bien, sino preguntarme cuál es mi misión. ¿Cuál es mi misión, mi vocación en este mundo? ¿Qué tarea tengo que desempeñar? Esto me aparta de mí mismo. Mi vida será fructífera en la medida en que grabe mi huella –una huella única– en este mundo. Lo importante de esa huella no es ante todo el rendimiento, sino que yo irradie algo de Dios que sólo puede brillar en este mundo a través de mí.

El sentido de la terapia cristiana radica en que, en su crecimiento, el ser humano se acerca a la imagen primigenia y no falseada que Dios se ha formado de mí. También podríamos describirlo con estas palabras de Jesús: «¿No era necesario que el Cristo padeciera eso para entrar así en su gloria?» (Lc 24,26). A través de todas las tribulaciones y todos los conflictos de estos tiempos, debo crecer hasta adquirir la figura (*doxa*) que Dios me tiene reservada.

Sigamos con el perdón, pues tiene una gran influencia en la salud del alma humana. ¿En qué medida la facultad de perdonar depende de las vivencias habidas en la infancia de uno mismo; por ejemplo, de la experiencia del perdón en el seno de la propia familia?

◼ A quien ha vivido una y otra vez casos de aceptación sin reservas por parte de sus padres, le resulta sin duda más fácil perdonar que a aquel otro que se ha sentido rechazado constantemente. Aun así, se puede aprender a perdonar. No estamos totalmente determinados por nuestra infancia.

¿Cómo tiene que ser el perdón, por ejemplo, en la familia si quiere ser positivo para las dos partes?

◼ Repito lo que he dicho al contestar a la pregunta sobre la agresividad. En primer lugar, debo tomar en serio mis sentimientos: mi dolor, pero también mi ira. Esa ira genera una saludable distancia con respecto a las demás personas. Muchas lesiones se deben a que entre el hombre y la mujer no hay la debida distancia, y por ello ambos se ven arrastrados a un laberinto de emociones en el que «se contagian» mutuamente.

El perdón se realiza en cuatro fases. La primera fase del perdón consiste en dejar que entre nuevamente en mí el dolor que la herida me ha causado. En la segunda, tolero la ira, mediante la cual me distancio de quien me ha herido. En la tercera fase recapacito e intento comprender por qué la otra persona ha obrado así. Pero es la cuarta fase la que aporta realmente el perdón, pues en ella admito el comportamiento hiriente de la otra persona, y de ese modo me libero interiormente de él. Pero entonces hay que orar por la otra persona, a fin de que encuentre la paz. Sólo entonces estaré realmente reconciliado con mi vida.

El perdón es sanante sobre todo para mí, pues me libera de lo que otro me ha hecho. Si no puedo perdonar a quien me ha herido, estoy sujeto a él. Algunas personas nunca llegan a curarse porque no consiguen perdonar.

Sin embargo, para perdonar hay que elegir un camino razonable. Una vez vino a verme un matrimonio que se peleaba con frecuencia. Tan pronto como la pelea pasaba, la mujer se acercaba a su marido y le pedía que la perdonara al momento en nombre de Jesús. Naturalmente, el hombre se ponía furioso, pues era un ritual totalmente equivocado. La otra persona necesita tiempo para calmarse, para proporcionar espacio a su enfado. Otro matrimonio me contó que tenía la vela de la boda encima de la mesa, y cuando se pelean y no son capaces de hablar sobre ello, uno de los dos se acerca y la enciende. Este gesto es una invitación dirigida al otro miembro del matrimonio. A veces no es bueno ponerse a hablar inmediatamente, pues la conversación no haría otra cosa que causar nuevas heridas. Por consiguiente, este matrimonio hacia las cosas con inteligencia.

¿Cómo puede perdonarse a sí misma una persona?
¿Cómo puede romper el círculo mágico de la autoagresión?

■ Es cierto que muchas personas no pueden perdonarse a sí mismas. Van a confesarse para recibir el perdón de Dios, pero en lo más profundo de su alma constantemente se están reprochando algo. Perdonarse a uno mismo significa abandonar la ilusión de que uno es un ser perfecto. Lo cual exige, a su vez, humildad. Ocurre a menudo que las personas tienen una imagen ideal de sí mismas y no pueden perdonarse, pues ello significaría tener que abandonar esa ilusión. Prefieren aferrarse a sus ideas, lo que a su vez les impide cambiar.

Sólo puedo perdonarme a mí mismo si creo en el perdón de Dios y lo he experimentado. Pero yo digo a muchas personas en la confesión: «Ahora, cuando Dios te ha perdonado, tienes que perdonarte a ti mismo, pues de lo contrario no crees realmente en el perdón de Dios». Perdonarse a sí mismo significa enterrar los sentimientos de culpa propios, desprenderse de los reproches a uno mismo y aceptarse como la persona que ha cargado con esa culpa y se ha convertido en la persona que es actualmente.

Uno de sus libros se ocupa del significado de los sueños en la vida espiritual. ¿Hasta qué punto debe ocuparse un cristiano de sus sueños? ¿Son útiles para él?.

■ Para la Biblia, los sueños son el lenguaje de Dios. También puedo decir que Dios envía a sus ángeles para que instruyan a los seres humanos en sueños. Los sueños me muestran cómo soy. Me revelan mi realidad, sobre todo mis aspectos inconscientes. Determinados sueños me muestran también qué pasos debo dar en mi camino espiritual. Otros sueños están llenos de referencias. Me muestran que, en mi camino, he andado más de lo que imaginaba. Si, por ejemplo, sueño con un niño, la imagen significa que en mí está surgiendo algo nuevo. Están también los sueños religiosos, que fortalecen mi fe. En ellos experimento la proximidad salvadora de Dios como luz o en símbolos; por ejemplo, en el símbolo de la Iglesia o en palabras que oigo súbitamente. Para la tradición espiritual del cristiano siempre fue importante prestar atención a los sueños, pues venían a demostrar que Dios quería iluminar y transformar la profundidad de su alma.

¿Puede decirse, por ejemplo, que el ser humano domina mejor sus agresiones si presta más atención a su propia conciencia?

■ Hoy hay más personas que antes capaces de acceder al inconsciente. Se ocupan de los sueños, de la psicología y temas afines. En el cursillo para ejecutivos que dirijo, les explico que deben contar con su inconsciente, pues de lo contrario corren serio peligro de transferir sus agresiones reprimidas a sus colaboradores. Pero también hay muchas personas que no tienen acceso a su inconsciente. Reprimen sus agresiones y las viven y evacúan hacia fuera. Sólo se sienten vivos cuando destruyen algo. Con todo, una agresión que se vuelve hacia fuera también hiere el alma de quien así actúa. El aumento de la violencia es un síntoma inequívoco de que nuestro mundo está enfermo, síntoma también de un alma enferma.

7. ¡Cuidado: el lecho de Procusto!

De los padres del desierto, la tradición y la experiencia espiritual

Usted ha dicho una vez que hoy a la gente le resulta más difícil que antes establecer una relación personal con Dios, pues ya no se cuenta con el respaldo de una sana tradición. ¿Pensaba usted acaso, cuando lo dijo, en un ámbito familiar de corte tradicional o en la tradición espiritual?

■ Ambas cosas son importantes para una relación personal con Dios: la educación religiosa en la familia y una sana tradición espiritual. Si alguien, cuando es niño, no tiene ninguna experiencia de Dios, no le va a resultar fácil establecer una relación íntima con Él; a lo sumo, se ocupará de Dios a nivel intelectual, o tal vez en función de una experiencia importante, algo así como una profunda experiencia de Dios en la creación o en el arte, o con ocasión de un acontecimiento que le haga salir de los cauces habituales de la vida. Una sana tradición cultural, en cambio, nos ayuda a ver a Dios correctamente, a liberarnos de nuestras proyecciones infantiles de Dios y a mostrarnos abiertos al Dios que está más allá de todas las imágenes.

Además de tradiciones religiosas sanas, las hay también insanas y que, aunque puedan favorecer la devoción, acaban conduciendo a un formalismo falto de espíritu. ¿Cómo podemos distinguir esas dos tradiciones?

■ La tradición religiosa sana consiste sobre todo en experiencias existenciales. La teología sana es en realidad una reflexión sobre la experiencia. Si nuestra liturgia está impregnada de experiencia espiritual, siempre nos nutriremos de una tradición salvífica. Y si nuestra teología contempla las experiencias de personas de entonces y de hoy y trata de interpretarlas, nos ayuda a comprender mejor nuestra vida. La buena tradición protege un tesoro de experiencias, y ese tesoro se manifiesta en rituales, en ejercicios ascéticos y en pensamientos espirituales.

En sentido inverso, una tradición religiosa insana se basa exclusivamente en formas externas y fórmulas teológicas. Pero esas formas y fórmulas no están avaladas por experiencias. Las personas se repiten, no porque con ello hagan una experiencia y así crezcan interiormente, sino para protegerse contra sus temores y situarse por encima de los demás. Tales tradiciones no llevan a la vida, sino a la angustia y el miedo. Las personas que valoran mucho esas tradiciones insanas son intolerantes y despotrican constantemente contra la vida moderna.

En sus libros usted alude a menudo a los padres del desierto. ¿Cuándo conoció por primera vez sus obras?

■ En el noviciado oí hablar de los padres del desierto. Fue hacia 1964. Pero entonces no me impresionaron de una manera especial; para mí eran seres exóticos que me resultaban extraños. En 1975, cuando, junto con otros hermanos, preparaba un congreso dedicado a la oración y trabajaba en una conferencia sobre la pureza de corazón en el monacato temprano, descubrí la riqueza en experiencias que encierran los escritos de los padres del desierto. Desde entonces vi con otros ojos la tradición monástica. Con anterioridad había leído muchos libros de C.G. Jung, el cual abrió mis ojos a la sabiduría de los padres del desierto, aunque nunca escribió nada directamente sobre ellos.

La espiritualidad de los padres del desierto, que vivieron entre el siglo III y el siglo VI parece muy ajena a nuestra realidad. Por otra parte, hace algunos años era signo de modernidad ci-

tar antiguos «koane» budistas. Hoy existe un nuevo interés por la sabiduría de los padres del desierto. ¿Por qué los hemos descubierto precisamente a comienzos del tercer milenio?

■ La espiritualidad de los padres del desierto se caracterizaba por una radical experiencia de sí mismo. El que vive durante años como anacoreta se ve confrontado con su propia realidad. Podría decirse que los padres del desierto realizaron experimentos extremos en el ámbito de la «experiencia de sí mismo».

Los hombres de hoy no sólo exploran el cosmos y se sienten fascinados por él, sino que además intentan, una y otra vez, escrutar el secreto del alma humana. Y aquí se les ofrece una posibilidad decididamente única: beneficiarse de las experiencias extremas y ricas en enseñanzas de los padres del desierto. Los padres del desierto no elaboraron teorías, pero contaron sus experiencias sin ponerse a sí mismos en el punto focal. En sus palabras se percibe la fuerza que hay en ellos, pero también sabiduría y dulzura. La durísima ascesis que practicaban no sirvió a los padres del desierto para endurecerse, sino para convertirse en unos seres extraordinariamente compasivos y tiernos.

¿A qué se debe la visión tan correcta y supratemporal que tienen del ser humano?

■ En mi opinión, se debe a que los padres del desierto escrutaron todas las cimas y las simas del alma, pero no cayeron en la desesperación. No pusieron precio a lo que descubrieron en el alma humana, sino que lo relacionaron con Dios para que su luz lo iluminara y lo transformara todo.

Otro aspecto importante radica en que los primeros monjes basaban la verdadera dignidad del ser humano en la oración. En los escritos de los autores monásticos percibo un profundo anhelo de Dios, a la vez que una enorme alegría por causa de nuestra dignidad: porque tenemos la dignidad de ser uno con Dios en la oración. Los padres del desierto ofrecen, pues, una visión optimista del ser humano: Dios mismo quiere morar en el ser humano y ser uno con él. El anhelo de esa fusión con Dios impregna la historia de la mística. Y ese antiquísimo anhelo de unión ha rebrotado precisamente en nuestro tiempo y en nuestro mundo.

¿Cómo surgió el monacato? ¿Dónde buscó sus motivos de inspiración? ¿De dónde extrajo sus primeras experiencias?

■ Desde el punto de vista histórico, puede decirse que Antonio, que se retiró al desierto, fue el primer monje. Esto ocurrió en torno al año 290. Siendo joven, Antonio oyó en un servicio religioso este pasaje de la Biblia: «Si quieres ser perfecto, anda, vende lo que tienes y dáselo a los pobres, y tendrás un tesoro en los cielos; luego ven y sígueme» (Mt 19,21). Estas palabras de Jesús le llegaron al corazón. Antonio vendió todo cuanto tenía y se instaló como anacoreta; primero, cerca de la aldea donde vivía; después, en una fortaleza abandonada; y, finalmente, en el desierto. A primera vista, podría decirse que el monacato surgió a causa de una nueva percepción de la palabra de Jesús. Pero también se puede leer la Biblia sin que uno piense en hacerse monje.

El monacato es un fenómeno que aparece en todas las culturas y todas las religiones. Por eso puede afirmarse con toda certeza que el monacato cristiano también se benefició de las experiencias de personas que llevaban un estilo de vida similar. Probablemente, en el desierto egipcio recibió muchos estímulos e ideas de las experiencias de los grupos pitagóricos y de los ascetas egipcios, que ya existían por entonces. No se ha podido demostrar que existieran relaciones transversales con los monjes esenios dentro del judaísmo o con movimientos existentes en Persia o en la India. En cualquier caso, los monjes cristianos unieron el atávico deseo humano de vivir como monjes con las condiciones fijadas por Jesús para quienes quisieran adoptar una actitud radical en la observancia de su doctrina.

En su libro dice usted que los monjes fueron terapeutas de su tiempo. ¿Puede decirse que entonces las personas acudían a los monjes como acuden hoy a los psicoterapeutas?

■ Los monjes no se retiraban al desierto para convertirse en los psicólogos de su tiempo, sino para buscar a Dios. Decidían retirarse para abrirse a Dios en la soledad y el silencio. No obstante, las personas percibían que, al vivir de aquel modo, los monjes tenían experiencias muy profundas. Por eso se produjo un verdadero fenómeno de peregrinación hasta las moradas de los monjes, a los que se pedía consejo como hoy se consulta al terapeuta. A decir verdad, no se buscaba ayuda exclusivamente en asuntos puramente humanos, sino también, y sobre todo, en asuntos trascendentales: encontrar el sentido de la vida. ¿Cómo se consigue que la vida dé el fruto debido? ¿Cuál es el sentido de la vida? ¿Cómo funciona la oración? ¿Como trato mis experiencias cuando ya no puedo rezar, cuando mis pasiones son más fuertes que mi deseo espiritual?

Usted ha dicho que los psicólogos se interesan por las experiencias y los métodos de los antiguos monjes. ¿Por qué son hoy tan interesantes para nosotros? ¿Se debe a que los padres del desierto se anticiparon a los conocimientos y los métodos de la psicología actual?

■ Los psicólogos se interesan básicamente por todas las experiencias humanas auténticas. Perciben que las experiencias de los primeros monjes procedían de un ámbito diferente del de muchas experiencias que hoy se trata de catalogar como experimentos psicológicos. Desean acercarse a esas experiencias porque descubren en ellas algo nuevo e inusitado.

De hecho, los monjes se anticiparon a los conocimientos psicológicos actuales porque observaron con mucha exactitud las pulsiones del alma. Desarrollaron métodos mediante los cuales el ser humano puede observar sus pensamientos y sentimientos, su sucesión, sus relaciones internas y sus efectos, sin necesidad de enjuiciarlos.

Un psicólogo me dijo que la psicología actual trabajaba intensamente en el descubrimiento de nuevos modelos explicativos. De hecho, comprende cada vez mejor el alma humana. También me dijo que el punto débil de la psicología radica en que muchas veces los métodos curativos que utiliza sólo encuentran aplicación a través de un terapeuta. Pero apenas si a alguno de ellos se le ocurre la idea de infundir vida a aquello que ha descubierto. Los monjes desarrollaron un método de vida sana con rituales y una estructura bien definida, con formas de meditación y de oración que hacen bien al alma.

Los textos de los padres del desierto están contenidos en los Apophthegmata, *que es su obra central. ¿Cómo surgieron esas sentencias de los padres del desierto y qué pueden decirnos hoy?*

■ Los padres del desierto daban una respuesta rápida y precisa a quienes les pedían consejo, los cuales, a su vez, transmitían esas respuestas a otros. A menudo eran también monjes jóvenes los que pedían consejo a los monjes ya ancianos. Con el tiempo, los monjes recogieron por escrito las palabras y las situaciones en las que habían surgido. Y unos a otros se contaban anécdotas que dejaban inmediatamente al descubierto alguno de sus secretos.

Las sentencias de los padres son muy concretas. Nos aconsejan ensayar algo. Nos impiden que nos limitemos a lamentarnos constantemente de nuestra situación y a discutir. Nos dicen en pocas palabras: «Puedes cambiar tu vida, pero tienes que hacer algo. Prueba tal o cual ejercicio, y verás cómo te proporciona orden y sana tu alma».

Usted ha escrito que la Iglesia debería permanecer en contacto con las fuentes primigenias de su espiritualidad. De ese modo, podría responder al deseo de espiritualidad por parte del ser humano mejor que la teología moralizante de los últimos siglos.

■ Sí, la teología de la Iglesia primitiva, por una parte, estaba marcada por la experiencia y, por otra, era una teología gráfica. Así, cuando leemos, por ejemplo, la teología de los padres de la Iglesia griega, descubrimos que pensaban en imágenes visuales. Las imágenes nos abren una ventana que da a Dios. Las imágenes son siempre actuales. No nos sujetan. Se puede discutir acerca de conceptos; pero las imágenes permiten ver más allá y descubrir el secreto.

Ese acceso es una ayuda para el ser humano, el cual sabe hoy que todos nuestros conceptos y modelos son relativos. Las imágenes le proporcionan la libertad de contemplar, mediante el encuentro con la teología y la espiritualidad de los padres de la Iglesia, lo que se le ofrece. El ser humano desea ver y experimentar. Ya los griegos sabían que el ver conduce siempre a la libertad. Una teología que invita a mirar respeta nuestra libertad. En sentido inverso, una teología moralizante quiere prescribirnos exactamente lo que tenemos que hacer. Pero entonces descubrimos, una y otra vez, que las exigencias, aunque estén fundamentadas en la Biblia y en la voluntad de Dios, son muy relativas y están mezcladas con proyecciones y temores humanos, y a veces también con apetencias de dominio sobre aquellos a quienes se predica esa teología.

En ese contexto, usted habla a menudo sobre la espiritualidad desde abajo y la espiritualidad desde arriba. ¿Puede explicarnos las principales diferencias entre una y otra?

■ La espiritualidad desde arriba parte de los ideales, de lo que me ha sido dado de antemano; por ejemplo, de las normas contenidas en la Biblia o de la tradición espiritual. Esa espiritualidad tiene plena justificación, pues necesitamos ideales y modelos para descubrir nuestras propias posibilidades. Sin embargo, la espiritualidad desde arriba tiene que completarse con la espiritualidad desde abajo. Con ello me refiero a una espiritualidad que no escuche únicamente la voz de Dios en la Biblia, sino también la voz de Dios en mis propios pensamientos y sentimientos, en mis sueños, en mi cuerpo, en mi situación laboral y en mis relaciones. Si me identifico excesivamente con mi ideal, corro el peligro de «saltar por encima» de mi realidad. Pero lo que reprimo en mí va a parar al lado oscuro, y desde allí se manifiesta luego como algo negativo para mí y para mi comportamiento. Por eso es importante que preste oído a mi interior. Los sentimientos, deseos y sueños que se manifiestan en mí, todo eso yo lo entiendo como voz de Dios: Dios habla a través de mi propia realidad. Quiere que yo viva la imagen única que él se ha formado de mí. Pero si quiero descubrir esa imagen, tengo que escuchar bien dentro de mí mismo, pues de lo contrario tal vez sigo la imagen de mi ambición o las imágenes que otros me han impuesto. Los griegos recogieron esta idea en la leyenda de Procusto. Procusto, salteador de caminos, hace que cada uno se adapte a su esquema, a su «lecho de Procusto». Al que es demasiado bajo se le estiran los miembros. Al que es demasiado alto se le acortan. En cualquier caso, el ser humano muere. Por consiguiente, aquí está en juego una saludable tensión entre una espiritualidad desde arriba y una espiritualidad desde abajo. Sólo cuando el ser humano vea ambos polos hará honor a su realidad y a la voluntad de Dios, voluntad que desea manifestarse de manera única en él.

Algunos creyentes consideran que la tentación ya es un pecado, y eso les confunde. Es interesante que los monjes tuvieran una visión positiva de la tentación...

■ Sí, algunos creyentes tienen miedo. Cuando en su interior aparece el odio, inmediatamente piensan que son malos. Los monjes dicen: nosotros no somos responsables de los pensamientos y los sentimientos que surgen en nosotros, sino tan sólo de lo que hacemos con ellos. No me es lícito dejarme llevar por el odio o el rencor, pero, al mismo tiempo, difícilmente puedo cortar el paso a un pensamiento que se me ocurre.

Algo parecido acontece con la tentación. Las personas temerosas creen que la tentación es en sí misma mala; y, además, que está ahí por su culpa, por no haber orado bastante. Pero los monjes dicen: el árbol sólo hundirá profundamente sus raíces en la tierra si el viento lo zarandea en un sentido y en otro. Las tentaciones son como el viento que obliga al ser humano a hundir sus raíces profundamente en Dios. Por lo tanto, las tentaciones fortalecen al ser humano; le hacen más sólido.

Pero, entonces, ¿cómo hay que entender las palabras del padrenuestro «no nos dejes caer en la tentación»? ¿Debemos o no debemos temer la tentación?

■ Los exegetas discuten acerca de cómo debe traducirse y entenderse exactamente el padrenuestro. Probablemente la fórmula «no nos dejes caer en la tentación» es la correcta, pues Dios no lleva de manera activa a la tentación, pero sí permite que caigamos en ella. No hay que olvidar que la tentación es siempre, asimismo, un peligro para el ser humano. Y ahí queda justificada nuestra petición de no sucumbir a ese peligro, sino que Dios nos proteja para que salgamos fortalecidos de la tentación.

Algunos exegetas interpretan la palabra *peirasmos* que figura en el Evangelio de Mateo (Mt 6,13), no como tentación en el sentido de las agresiones que sufrimos a diario y que, de hecho, nos fortalecen, sino como caída. Quiera Dios protegernos de la caída y de la confusión, pues a causa de la confusión que propagan los falsos maestros perdemos la base de sustentación sólida.

¿Y cómo entendían el pecado los padres del desierto?

■ Para los padres del desierto el pecado consiste en dejarse dominar por los demonios. Y a menudo ven también las pasiones como demonios. Cuando me dejo dirigir por ellos, me llevan al mal y al pecado. La palabra griega para pecado, *hamartía,* significa el acto de errar, de no dar en el blanco. El que está dominado por las pasiones pierde su libertad interior, no acierta en su tarea de llegar a ser humano.

Sin duda existe una diferencia entre el concepto de ascesis que tenían los padres del desierto y el que tenemos actualmente. ¿Cuál es el sentido original de la ascesis? ¿Qué era la ascesis para ellos?

■ Para los griegos, la ascesis es ejercicio, adiestramiento. La palabra procede del mundo del deporte y del mundo militar. Tanto los deportistas como los soldados se adiestran. De ellos tomaron los filósofos y los teólogos el término, al que dieron un sentido espiritual. El ser humano también puede adiestrarse en actitudes interiores; por ejemplo, en el dominio de uno mismo, en la valentía, en la mesura o en la justicia. La ascesis presupone una imagen positiva del ser humano: éste no está determinado sencillamente por su pasado. Cualquiera puede trabajar en él. El ser humano puede adiestrarse en el desarrollo de su libertad interior; adquirir determinadas actitudes a través del ejercicio.

Hoy domina más bien una visión pesimista y quejumbrosa: «No se puede hacer nada. Ésa es la conclusión a la que he llegado». En dicha actitud se prefiere culpar a otras personas. Ellas son culpables porque tienen tales o cuales propiedades, opiniones e ideas, y por eso no nos comprenden. Alguien se lamenta de haberse quedado corto y no haber prosperado como otros en la vida. Pero se niega a asumir la responsabilidad de sus acciones. Ascesis significa: me reconcilio con aquel que he llegado a ser. Pero también tengo ganas de crecer y trabajar en mí mismo para desarrollar las facultades que Dios me ha regalado.

¿Cuál es el signo de una ascesis correcta y sana?

■ El signo de una ascesis enfermiza aparece cuando el ser humano se enfada consigo mismo. Lucha contra sí mismo, porque no puede asumir lo que ha descubierto en su interior. Una ascesis sana parte siempre de la aceptación de uno mismo. Sólo puedo transformar lo que he aceptado. Sólo puedo avanzar si acepto ante mí mismo dónde me encuentro. Hay personas que se identifican con altos ideales. Se las pueda comparar con aquellos que cuelgan de una barra fija sin tocar el suelo. Pueden hacer todos los esfuerzos que quieran, pero nunca subirán más arriba. La causa del duro juicio que tienen de sí mismas radica en que las personas no han descubierto la imagen de Dios en ellas y persiguen una imagen ideal que se han fabricado. Sólo cuando reconozca que me encuentro en el nivel más bajo, puedo subir paso a paso.

La ascesis insana parte de ideales externos, sin tener en cuenta la estructura del alma humana. Violenta el alma y el cuerpo. La ascesis sana, por el contrario, ejercita lo que hay y extrae de dentro las fuerzas que Dios ha depositado en nosotros. Tiene en cuenta la *psique* humana y trabaja en ella para que llegue a ser sana e íntegra.

El concepto de ayuno está estrechamente relacionado con la ascesis. Por «ayuno» se entiende comúnmente la renuncia a la buena comida y a la bebida, en cuanto superación de uno mismo que se ofrece a Dios como ofrenda personal. ¿Cuál es, según usted, el sentido del ayuno?

■ El ayuno es un ejercicio de adiestramiento en la libertad interior. Hay muchas personas que tienen problemas con la comida y con la bebida. Son adictos al alcohol o al café. No disponen de tiempo para alimentarse de manera saludable. Por eso tienen problemas de salud, o encubren su enfado y su mal humor con la comida. El ayuno conduce a la libertad interior. Me pone en contacto con mi dignidad. Vivo por mí mismo, en lugar de ser vivido o ser presionado por las circunstancias externas.

La Iglesia no inventó el ayuno: simplemente, adoptó y desarrolló prácticas ya existentes en el judaísmo o en la cultura greco-romana. En los primeros tiempos, con el ayuno se pretendía ante todo proteger al creyente de los demonios. En la antigüedad, una de las razones de su práctica era el presunto poder demoníaco de determinados alimentos. Los pitagóricos creían que con la carne del animal sacrificado el ser humano asimilaba también su alma demoníaca, o que los demonios podían actuar a través de ciertas plantas. Por eso prohibían, por ejemplo, el consumo de habas, pues, según ellos, provocaban la inquietud durante el sueño. Pero también sabían que el ayuno es sano y depura el cuerpo y el alma. Con el ayuno se esperaba obtener la curación de muchas dolencias, entre ellas el reúma, las inflamaciones y los catarros. El ayuno también se empleaba profusamente en la medicina popular. Las escuelas filosóficas griegas –como, por ejemplo, la de los estoicos– creían obtener del ayuno no sólo protección contra las enfermedades y los demonios, sino también la purificación del espíritu, la libertad interior, la satisfacción y la felicidad. El ayuno constituye también una ayuda en la vida espiritual.

¿Podría citar algunos ejemplos?

■ Ya los antiguos monjes veían en el ayuno un sólido medio en la lucha por la pureza de corazón. De hecho, en el ayuno no sólo se encuentra uno consigo mismo, sino que se enfrenta al enemigo de su alma, aquello que le constriñe interiormente. Es cierto que con la buena comida y bebida se pueden reprimir ciertas tendencias, pero a través del ayuno se desha-

134

ce uno de esos sucedáneos y descubre la verdad más profunda sobre sí mismo. Así sale a la luz todo lo que está oculto en el interior: anhelos y deseos insatisfechos, ira, encono y tristeza, heridas... y también pensamientos que giran constantemente en torno a la posesión, la salud y el éxito. Todo lo que hasta entonces estaba reprimido y uno conseguía encubrir con la comida, la bebida y la diversión, sale ahora a la superficie. De ese modo, el ayuno desvela la verdadera esencia del ser humano. Muestra dónde está el peligro más grave y dónde puede empezar la lucha por la liberación interior.

El ayuno también intensifica nuestros rezos y plegarias. Cuando ayuno y rezo por alguien, es más intenso que cuando me limito a pensar brevemente en él mientras rezo. El ayuno también ayuda a mantenerse alerta. Mientras que tener el estómago lleno provoca somnolencia, el ayuno mantiene al ser humano despierto y abierto a la espiritualidad y a Dios. Y el ayuno proporciona claridad interior. Me permite experimentar el mundo de una manera mucho más intensa.

¿Tiene también el ayuno su lado oscuro?

■ El ayuno no debe convertirse en negación de la vida. Una persona que, por ejemplo, tiene mala conciencia porque en algún lugar de África viven seres humanos en condiciones mucho peores que las suyas, puede decirse a sí misma: «No quiero nada para mí mientras esos pobres no tengan lo mismo que yo». Y deja de comer hasta que, finalmente, a partir de ahí adopta una actitud negativa en la vida. Entonces, esa persona ya no celebra ninguna fiesta, no está en condiciones de permitirse ningún placer y, a la postre, enjuicia a las demás personas a partir de su actitud ascética. Otra forma de ayuno peligroso es motivada por la actitud negativa del ser humano con respecto a su cuerpo. En este caso, el ayuno puede degenerar fácilmente en anorexia. La persona rechaza su cuerpo o su sexo. Esta actitud, que en definitiva es una rebelión contra la creación de Dios, es presentada como ayuno religioso. En un ayuno sano se busca, no el rechazo de la corporeidad propia, sino su aceptación. Debe conducir a la armonía entre alma y cuerpo. A una persona que tiene miedo a comer algo que pueda ser nocivo para su salud, el ayuno tampoco le aporta nada. Ese temor exagerado y la obsesión por la alimentación sana acaban dañando más al ser humano que el hecho de comer algo apetitoso.

El ser humano del tercer milenio parece descubrir de nuevo el verdadero sentido de conceptos como ayuno, pecado, gracia, penitencia, etc. ¿Se le puede ayudar en esa tarea?

■ La primera ayuda consiste en que le expliquemos e interpretemos correctamente esos conceptos, de modo que los entienda y los asimile. Tenemos que hablarle de estos conceptos hasta incidir en su deseo. Todo ser humano desea estar en paz y armonía consigo mismo. Todo ser humano desea amar y ser amado. Y todo ser humano desea reconciliarse consigo mismo, recibir el perdón y verse libre de torturadores sentimientos de culpa. Todos estos conceptos expresan una experiencia. La pregunta es: ¿cómo conseguimos que el ser humano viva esa experiencia? El camino de la libertad pasa por la aceptación de uno mismo, pero también por medios concretos como la meditación, la oración o los ritos purificadores.

Acerca de la culpa, tengo que hablar de manera que no infunda miedo a esa persona. Para ello tengo que partir de sus experiencias. Todos conocemos los sentimientos de culpa. La pregunta es: ¿qué hago con ellos: dejo que me devoren o los reprimo? Ninguna de las dos medidas sirve de mucho. Lo importante es que hablemos de esos conceptos de manera que la persona experimente el deseo de estar en armonía consigo misma, experimentar el amor en ella y verse libre de sentimientos de culpa.

Usted ha escrito también un libro sobre el silencio. ¿Por qué es tan importante guardar silencio y cómo puede aprenderse?

■ Tan pronto como guardo silencio, afloran en mí muchos sentimientos reprimidos: decepciones, heridas, pasiones... Muchos huyen ante este pensamiento y buscan el bullicio del mundo o una actividad desmedida. El silencio tiene tres pasos. El primer paso consiste en contemplar la realidad, ver cómo estoy en ella y qué mueve mi interior. El segundo paso consiste en desprenderme de lo que me ocupa constantemente, crear una distancia interior con respeto a lo que quiere controlarme. En psicología, esto se llama *disidentificación:* percibo lo que hay en mí, pero no me defino sobre ello; tengo problemas, pero yo no soy mis problemas; tengo miedo, pero yo no soy mi miedo. En el tercer paso me unifico con mí mismo y con Dios. El silencio conducirá a la pura presencia. Soy un ser pleno en el momento, de acuerdo con mi vida, uno conmigo, con la creación, con el ser humano y con Dios. Ya no medito más en Dios, sino que estoy en Dios.

¿Qué aconsejaría usted a las personas? ¿De acuerdo con qué criterios deben buscar la correcta tradición o, si se prefiere, la forma de vida espiritual?

■ Hay muchas formas diferentes de vida espiritual, y cada persona debe encontrar la que mejor se adapte a su manera de ser. Aun así, es importante elegir los criterios con los que supervisar el crecimiento espiritual en la vida práctica. La vida espiritual en el sentido de Jesús conduce siempre a una dinámica viva, a la libertad, al amor y a la paz. Dicho con palabras del apóstol Pablo: «El fruto del Espíritu es amor, alegría, paz, paciencia, afabilidad, bondad, fidelidad, modestia, dominio de sí» (Gal 5,22).

8. La Iglesia en el supermercado
De la Iglesia en el mundo de hoy

Nuestra época se caracteriza por un renacer de la religiosidad. ¿En qué consiste ese retorno a la fe?

■ Es verdad que el hombre moderno no piensa de acuerdo con categorías metafísicas; a pesar de lo cual, tiene sensibilidad para la trascendencia. Se siente atraído por lo que es superior a él, lo que da un sentido más profundo a su vida. El ser humano percibe que no le basta con ganar mucho dinero y procurarse una vida regalada. El anhelo del alma humana no es posible ahogarlo. Entonces, cuando se han satisfecho las necesidades básicas del ser humano –alimentación, vivienda, seguridad, etc.–, afloran las necesidades espirituales. Y, entre éstas, el ansia de transcendencia, el anhelo de experiencia espiritual.

¿En qué medio, en qué grupos sociales o de edad podemos percibir esa tendencia a una nueva religiosidad?

■ La nueva religiosidad puede percibirse especialmente entre los intelectuales. Entre los jóvenes, el fenómeno se concreta sobre todo en los estudiantes, pero también en muchas otras personas sensibles. El anhelo religioso surge precisamente en quienes trabajan en profesiones sociales –por ejemplo, enfermeras, pero también empleados de banca y funcionarios–, aunque, como es natural, existen asimismo muchas personas para quienes lo único que cuenta es el éxito profesional. Estas personas encubren su anhelo espiritual, aunque no pueden evitar que aparezca con frecuencia cuando sufren una crisis.

Ciertamente, las personas muestran hoy un mayor interés por la espiritualidad, pero a menudo no buscan la respuesta en las Iglesias tradicionales. En otras palabras, muchas personas no necesitan necesariamente una estructura eclesiástica para satisfacer su anhelo de Dios.

■ Es cierto. Muchas personas buscan la respuesta a su anhelo espiritual en las religiones orientales o en el esoterismo. Las hay que tienen un conocimiento deficiente o superficial de las respuestas cristianas, o que se sintieron heridas y atemorizadas por su educación cristiana y ya no confían ni en el cristianismo ni en la Iglesia. Estas personas están convencidas de que ahí no van a encontrar la respuesta a sus necesidades.

¿Se trata únicamente de una tendencia moderna o es una señal de aviso para la Iglesia?

■ Es ciertamente una tendencia moderna que el ser humano mire en torno a sí y se fije en lo que atrae su interés. El supermercado, donde uno puede comprarlo todo, incide también en las necesidades religiosas. En los últimos tiempos se acostumbra a hablar también del «supermercado de las ofertas religiosas». Aun así, eso es para mí al mismo tiempo un aviso dirigido a la Iglesia, que debe preguntarse al menos por qué las personas no buscan en ella una respuesta. Evidentemente, las Iglesias no han encontrado todavía un lenguaje para responder a las preguntas del hombre de hoy. Si quiero hablar con una persona que busca a Dios precisamente sobre el tema de dicha búsqueda, tengo que empezar hablando de su anhelo, de su experiencia de la transcendencia, que tal vez no entiende aún como una experiencia de Dios, pero que, a pesar de ello, le da la posibilidad de descubrir ese secreto que es superior a ella.

¿Se trata únicamente de un problema de lenguaje o de comu-
nicación? ¿O quizá está en entredicho la oferta en su conjun-
to? La Iglesia ofrece a todas las personas lo mismo, a saber,
los sacramentos; pero hoy muchas personas inquietas sólo ven
en ellos rituales que no entienden y que no les dicen nada.

■ En primer lugar, el lenguaje nunca es algo exclusivamente externo. En el lenguaje se manifiesta el alma. Por eso es
importante que el mensajero del Evangelio preste atención al
lenguaje. A decir verdad, el nuevo lenguaje no es tan fácil de
aprender. Hay que prestarle mucha atención. Y se trata de enfrentarse a las propias experiencias en el ámbito de la fe, de
seguir un camino espiritual basado en la experiencia, para
encontrar el lenguaje que exprese de manera adecuada las
experiencias.

Los sacramentos son ritos santificadores. Ciertamente son
ritos prescritos, y ello tal vez hace que parezcan teatrales. Pero
pueden llegar al alma, porque están formados por imágenes
arquetípicas. Lo verdaderamente importante es explicar los
sacramentos e interpretarlos en función de la persona de hoy,
celebrarlos de manera que lleguen al corazón de quien los
practica. Para ello, la Iglesia tiene que ofrecer atención, amor
y una dedicación siempre nueva a la persona con sus problemas concretos. Los siete sacramentos son sacramentos de
contacto. Por eso las personas deben sentir el contacto amo-
roso del sacerdote, para sentir el contacto de Jesucristo.

¿Puede ofrecer la Iglesia algo claramente diferente, sin per-
der por ello su identidad y su mensaje?

■ La Iglesia tiene sin duda una importante tarea social que
desempeñar en nuestra sociedad. Sin los servicios sociales de
la Iglesia, nuestra sociedad sería más pobre y más inhumana.
Pero el significado más importante de la Iglesia consiste en
ser un lugar de experiencia espiritual. La Iglesia quiere llevar

las personas a Dios. Por lo tanto, el mayor déficit de la Iglesia en la actualidad consiste en que, evidentemente, para muchas personas ya no es el lugar en el que realizan sus experiencias espirituales y pueden sentirse tocadas por Dios.

El Vaticano II se ocupó de la modernidad, pero ésta terminó en los años sesenta del siglo XX. Ahora nos encontramos en la llamada «postmodernidad». ¿No radica acaso el problema en que «leemos» el mundo actual con retraso, y por eso nos sorprende una y otra vez y nos encuentra desprevenidos?

■ Seguro. Los problemas de los años sesenta ya son viejos: han pasado cuarenta años desde entonces.

El Vaticano II cumplió una tarea importante, toda vez que abrió la teología al tiempo actual. Mientras tanto, la Iglesia se ha enfrentado a otros retos. La Iglesia es hoy sensible al diálogo entre las diferentes religiones. Ahí, el papa Juan Pablo II ha dado pasos decisivos. En otras cuestiones, como, por ejemplo, la genética, muchos teólogos buscan el diálogo con las ciencias naturales. Ése es ciertamente un gran reto para nuestro tiempo. Lo que Hans Küng llamó «Weltethos» (ethos mundial) requiere un debate intenso de todas las religiones, de todas las escuelas filosóficas y teológicas en todo el mundo.

Ante otros temas, la Iglesia se muestra más bien impotente; por ejemplo, ante el fenómeno por el que la búsqueda espiritual de nuestro tiempo prescinde de la Iglesia, o ante la creciente secularización y la decadencia de los valores tradicionales. Tengo la impresión de que, en este terreno, la Iglesia tiene un contacto insuficiente con el hombre de hoy y sus anhelos. Para mí la Iglesia dispone de una gran oportunidad en este punto, pues tiene mucho que ofrecer precisamente a nuestra sociedad, que sufre una gran desorientación. Está claro que no debe caer en la tentación de ofrecer respuestas ya viejas, que ciertamente tienen algo que decir a la persona psíquicamente inestable, pero no a quien de verdad busca.

¿Qué entiende usted por «respuestas ya viejas»?

■ La respuesta vieja de la Iglesia dice: las personas experimentan la curación y la salvación en Jesucristo y son conducidas por él a la nueva comunidad. Esto es cierto, sin duda, y ese nuevo encuentro es muy importante precisamente en nuestro tiempo. Pero, por otra parte, también debemos tomar en serio la dedicación de Jesús a cada persona concreta, de manera especial en la era del individualismo. Jesús quiere animar a cada persona, transmitirle la certeza de que va a ser amada sin reservas. Jesús desea liberar a las personas de su miedo y transmitirles una firme confianza en la proximidad salvífica y amorosa de Dios. La tarea aún pendiente de la Iglesia es anunciar ese mensaje a las personas de todos los tiempos y hacer que lo vivan. La Iglesia no tiene que idear de nuevo el mensaje, sino únicamente ofrecer el viejo mensaje de la Biblia en un lenguaje nuevo.

¿Cuál de las cuestiones humanas que la Iglesia debe responder considera usted que reviste una urgencia especial?

■ En este tercer milenio, la humanidad está sometida a muchas presiones. Un importante mensaje de la Iglesia es, en este punto, la libertad del ser humano. ¿Cómo me defino a mí mismo? ¿Me defino en función del éxito o el fracaso, de la aceptación o el rechazo, o en función de Dios? La Iglesia tiene que transmitir al ser humano una alternativa comprensible en la vida: concretamente, que sólo puede vivir de acuerdo con su dignidad si encuentra su verdadera libertad en Dios. Jesús como verdadera imagen del ser humano, como nos la ha esbozado el evangelista Lucas, Jesús como el caudillo que lleva a la vida, Jesús como el maestro de la verdadera sabiduría, Jesús como el ser humano espiritual, debe ser anunciado de nuevo hoy de manera que llegue a los corazones de las personas y los abra a la verdadera vida. Hoy todos anhelan la vida. Pero muchos confunden la vida con vivir lo más posible. Jesús quiere introducirnos en el arte de vivir real y verdaderamente.

El problema es que hoy el ser humano reacciona rabiosamente a la mutilación de su libertad personal. No desea que haya una institución que se inmiscuya en su vida y le dicte lo que tiene que pensar. A menudo así es como ve a la Iglesia. ¿Qué se puede hacer?

▉ Hoy la Iglesia ya no puede presentarse autoritariamente como depositaria única y exclusiva de la verdad. Tiene que intentar el diálogo con el ser humano de hoy, que se preocupa por su libertad. Ello obliga a tratar de comprender las necesidades de la sociedad moderna en toda su complejidad y diversidad, para así poder hablar con las personas sobre el sentido de la vida, sobre la curación de sus heridas y sobre su anhelo más profundo.

¿En qué consiste la esencia de la verdadera libertad? ¿En qué consistía la libertad para los padres del desierto?

▉ La esencia de la libertad consiste en que ningún ser humano tenga poder sobre mí y en que nadie me imponga determinadas actitudes y normas, tendencias o modelos ideológicos de comportamiento; en que yo no dependa de ningún ser humano y de ningún estado de ánimo, sino que pueda disponer libremente de mí y de mis actos. Para los padres del desierto significaba la libertad respecto de afecciones y pasiones. El ser humano sólo es realmente libre cuando Dios impera en su alma.

Volvamos a la Iglesia: ¿cómo debe actuar para atraer al hombre del tercer milenio?

▉ En mi opinión, hay tres imágenes que son importantes para la Iglesia de hoy. La Iglesia debería llegar a ser un lugar en el que el ser humano pueda vivir una experiencia espiritual;

144

ésa es la imagen de la Iglesia mística. En segundo lugar, debería crear un espacio para un nuevo tipo de comunidad, concretamente un espacio para la comprensión de las personas entre sí. Esto es válido tanto en el marco de la Iglesia universal como para las iglesias locales. En la comunidad local deberían encontrarse y formar una verdadera comunidad ricos y pobres, creyentes conservadores y progresistas, nativos y extranjeros. Hoy en día, muchas personas se sienten solas y perdidas en medio de la muchedumbre anónima. Esas personas deberían encontrar su hogar en la Iglesia. En tercer lugar, la Iglesia debería transmitir cultura cristiana de la vida y facilitar el acceso a una vida sana, que incluye, evidentemente, las buenas costumbres. En primera línea están los elementos saludables –la oración y la vida espiritual–, pero también una vida diaria correcta y unos ritos saludables. Dicho en pocas palabras: todo lo que hace posible una vida sana. El cristianismo debería convertirse en una cultura visible en la que el ser humano experimentara su propia dignidad. Ésas son mis imágenes más importantes de la Iglesia.

Pero ¿está madura la Iglesia de hoy para convertirse en portadora de esa visión ante sus fieles?

■ En estos momentos, la Iglesia da demasiadas vueltas en torno a sí misma. Se lame las heridas, y por eso es incapaz de dedicarse a atender las heridas de la gente. A pesar de ello, espero y confío en que no dejen de surgir en la Iglesia personas y grupos que proporcionen una nueva visión al mundo. En definitiva, la Iglesia ofrece a la gente la visión de Jesús. Pero esa visión de una vida desde la confianza y el amor no debe transmitirse en un lenguaje moralizante, sino en la preparación de un nuevo encuentro que se exprese en un lenguaje también nuevo.

La pregunta, formulada en otros términos, es: ¿está realmente preparada la Iglesia para el acceso al nuevo milenio?

¿Vive realmente en ella el espíritu de la penitencia por los pecados anteriores, a los que se ha referido el papa Juan Pablo II en los últimos años? Cuando uno habla con algunos cristianos, saca la conclusión de que, según ellos, la Iglesia no tiene que pedir perdón por nada.

■ El hecho de que el papa reconociera la culpa de la Iglesia fue un paso valiente, pero era un paso que se debía haber dado hace ya mucho tiempo. El mundo aceptó de buen grado ese paso, pero también hubo personas que se sintieron desconcertadas. En la Iglesia se oyeron, además de voces aprobación, voces críticas. Sobre todo a las personas con una imagen ideal de la Iglesia, les costó mucho aceptar el «mea culpa» del papa en marzo del año 2000. Para otros, en cambio, aquello no era suficiente. A algunos católicos les resultó muy doloroso que a la Iglesia le siguiera costando tanto reconocer que había tratado de manera autoritaria e hiriente a teólogos críticos como, por ejemplo, Bernhard Häring, Karl Rahner o Henri de Lubac, e incluso de manera injusta a Mary Ward, fundadora de una orden religiosa. Ahí hay todavía algunas cosas que convendría limpiar.

En estos momentos se habla de la Iglesia en unos términos excesivamente críticos. También la comunidad de la Iglesia se muestra crítica. ¿Dónde está, en su opinión, el límite entre una crítica saludable y una crítica nociva para la Iglesia? ¿En qué debería basarse una crítica justificada?

■ La mayor parte de las críticas se deben a las exigencias, bastantes elevadas, que se formulan a la Iglesia. Ante todo queremos ver la imagen de una Iglesia santa, y resulta que en ella nos encontramos con muchas personas malas. En definitiva, se busca un chivo expiatorio que cargue con la culpa.

Si se practica la crítica, es importante pensar que todo ser humano debe cambiar y tiene sus debilidades. Si soy consciente de ello, puedo llamar por su nombre a las cosas que no creo correctas: por ejemplo, la hipocresía de algunas estructuras de la Iglesia o el abuso de poder por parte de determinadas personas. Aun así, nunca debo condenar a nadie ni ver las cosas exclusivamente en blanco y negro, de modo que a un lado estén sólo los buenos, y al otro sólo los malos. La realidad tiene siempre muchos matices.

¿Cómo ve usted en ese contexto la tensión en el seno de la Iglesia entre las corrientes de los llamados conservadores y los progresistas? ¿Se trata de un fenómeno natural que tenemos que aceptar o de algo negativo que debemos superar?

◼ La vida se desarrolla siempre entre dos polos. Así, el polo conservador y el polo progresista se corresponden uno y otro. Las personas sanas son las que se mueven entre uno y otro polo, pues ambos están representados en todos y cada uno de nosotros, que tenemos necesidad de las raíces sanas del pasado para poder crecer. Pero toda persona necesita también una meta, la posibilidad de tender hacia adelante para alcanzar lo nuevo. La Iglesia, en su conjunto, vive también la tensión que se da en cada ser humano en cuanto individuo. Y ello es, en cierta medida, perfectamente normal y saludable. La tensión genera energía y mantiene viva la comunidad. El peligro aparece cuando un polo se impone en términos absolutos, mientras el otro es oprimido. Entonces todo es unilateral, a veces también malo, enfermizo y falso.

¿Cómo valora usted en este contexto el movimiento «Somos Iglesia», que en estos momentos disfruta de amplio eco en los países de lengua alemana, sobre todo entre los seglares?

◼ Ese movimiento cumple ciertamente una función muy importante. Ofrece a los seglares comprometidos un foro en el que pueden manifestar su deseo de una Iglesia de la libertad y la vitalidad. También aquí es importante que el movimiento no se absolutice, sino que mantenga el diálogo con los representantes oficiales. Por lo que yo puedo apreciar, dicho diálogo está teniendo lugar, sin que sea óbice para ello el hecho de que algunos miembros de ese movimiento apunten siempre por elevación y exijan más de lo que es razonable y realista. Lo cual no deja de ser legítimo. Si uno quiere conseguir algo, tiene que exigir más de lo que puede alcanzar en un momento dado. Uno tiene derecho a soñar con una Iglesia del futuro, aunque no se cumplan todos sus sueños.

¿Cómo pueden distinguirse los nuevos movimientos y fenómenos saludables de los malsanos? ¿Cuándo son una fuente de división o de antagonismo y cuándo contribuyen a un verdadero desarrollo de la vida?

■ Los movimientos saludables permiten que las personas se muevan libremente en el mundo; los movimientos malsanos sólo hablan a personas que están a favor de ellos. Los movimientos saludables están abiertos al mundo; los movimientos malsanos están cerrados en sí mismos y tienen el peligro de hacerse sectarios. Los movimientos malsanos dividen importantes parcelas del alma humana, como, por ejemplo, la sexualidad y la agresión. Entonces, lo dividido es proyectado sobre otras personas y conduce a una nueva división. Todo movimiento que divide puede invocar su propio nombre, no el de Jesús. Si el movimiento se limita a girar en torno a sí mismo y quiere ganar para su causa el mayor número de adeptos posible, está marcado por la envidia y la rivalidad y es estéril para este mundo. Sólo cuando un movimiento se olvida de sí mismo, sólo cuando sirve a las personas y al mundo, es saludable a largo plazo y responde al espíritu de Jesús.

¿Dónde están, según usted, los problemas de los grupos conservadores de la Iglesia? En Alemania tienen ustedes, por ejemplo, la Hermandad de Sacerdotes de San Pedro, y en

148

Chequia existen dificultades con la facultad católica de teología, debido a su enorme conservadurismo...

■ Los grupos ultraconservadores tienen el legítimo propósito de salvaguardar la tradición y los tesoros espirituales. Sin embargo, en muchas personas de orientación ultraconservadora observo que la verdadera preocupación está ensombrecida por sentimientos de miedo. El terapeuta suizo Theodor Bovet dijo en cierta ocasión que la ideología era un sucedáneo del padre. Muchos representantes de los grupos conservadores no tienen columna vertebral, y por eso necesitan la ideología y las normas rígidas como sucedáneo de la espina dorsal. Son a menudo personas inseguras y temerosas que esperan obtener apoyo y seguridad de la corriente conservadora. Eso también es legítimo. Pero cuando son sólo las formas y las normas externas las que deben brindar apoyo, uno no encuentra la vida que Jesús predicó y regaló. Jesús no era conservador. No sentía demasiado respeto por la letra y, en cambio, seguía la llamada de su corazón, un corazón que, debido a su intensa relación con Dios, estaba abierto de par en par a todas las personas.

¿Cuál es su posición? ¿Se le considera a usted progresista o conservador?

■ Muchos conservadores me consideran progresista. A veces me ubican incluso en el rincón del esoterismo. Dicen que mis declaraciones ya no son cristianas, sino esotéricas. Otros consideran que mis textos contienen demasiada psicología. Algunos progresistas me tienen más bien por conservador, pues procuro apreciar y salvaguardar el tesoro de la tradición. Pero esas etiquetas dicen más acerca de las personas que las aplican que acerca de mí. Lo que a mí realmente me alegra es que mis libros sean leídos tanto en círculos progresistas como conservadores. Tal vez sirven para tender un puente entre am-

149

bos polos, que forman por igual parte del cristianismo, de la vida.

En los últimos tiempos se habla mucho de la dimensión carismática y la dimensión institucional de la Iglesia. ¿Qué relación hay entre estas dos dimensiones y qué papel deberían desempeñar en el futuro?

■ A la dimensión carismática de la Iglesia se le puede llamar también dimensión profética. La Iglesia debe ser levadura para este mundo o, como dice Jesús, luz y sal del mundo. Lo cual significa que ha de tratar de descubrir los signos de los tiempos y generar un cierto desasosiego, desarrollar una cierta sensibilidad para lo que Dios quiere hoy de nosotros y para nosotros. Además, la Iglesia, como comunidad formada por muchas personas, posee asimismo una dimensión institucional. Una sociedad necesita una estructura. Pero, a diferencia del Estado, la Iglesia debe ser siempre consciente de que las estructuras sólo son estructuras auxiliares para que el espíritu de Jesús pueda difundirse en este mundo. No deben convertirse en un fin en sí mismas.

Ya en el Evangelio de Juan se muestra la tensión entre la Iglesia del amor, o sea, la comunidad de los discípulos congregados en torno al apóstol Juan, y la Iglesia oficial, o sea, la de Pedro. Aun así, en el Evangelio de Juan se puede ver que ambas «Iglesias», ambas comunidades, se necesitan mutuamente y, por lo tanto, no debe producirse ninguna escisión entre ellas. Si reconocemos la existencia de los dos polos, surge una tensión saludable en la que un polo puede vivir del otro.

¿A qué se debe su esperanza en relación con la Iglesia de hoy?

■ Simplemente, a que la Iglesia genera constantemente nueva vida en todo el mundo. Aunque en la Iglesia alemana se aprecian síntomas de parálisis, tanto aquí como en otros muchos lugares se observan nuevas floraciones, comunidades vivas, órdenes vivas, cristianos ejemplares, etc. Y creo que en todo el mundo es así. Precisamente en Hispanoamérica y en África, pero también en Corea y en otros países de Asia, la Iglesia exhibe una nueva frescura y una nueva vitalidad. Ahí percibo yo el espíritu de Jesús en acción. Y por eso confío en que ese espíritu de Jesús se imponga a todos los malos espíritus, que una y otra vez se infiltran en la Iglesia, y genere nueva vida.

¿Qué función pueden desempeñar en este sentido los nuevos movimientos espirituales?

■ Los movimientos espirituales han puesto en acción muchas cosas en la Iglesia. A decir verdad, también hay movimientos espirituales que son más bien como humo de paja. Aun así, la Iglesia vive porque constantemente aparecen personas que congregan a otras en torno a ellas e intentan vivir a su manera el espíritu de Jesús. El Espíritu Santo se manifiesta en múltiples dones. Los movimientos espirituales reflejan algo de la pluralidad del espíritu.

¿Cómo ve usted la posición del sacerdote a principios del tercer milenio? ¿Qué debe ser el sacerdote para las personas creyentes: autoridad espiritual, acompañante, padre, consejero o simple administrador de los sacramentos?

■ Si observamos la historia de las religiones, vemos que, en el pasado, el sacerdote cumplía muchas funciones. Era protector de lo sagrado, guardián del fuego, consejero, intérprete de los sueños, pastor de almas, terapeuta... En mi opinión, al sacerdote se le pide hoy, sobre todo, dos cosas: que sea protector de lo sagrado y que sea a la vez pastor de almas. Como protector de lo sagrado, el sacerdote debe estar en contacto con el espacio sagrado en sí mismo. Tiene que llevar una vida espiritual, vivir a partir de su fuente interior. Entonces podrá proteger lo sagrado que hay en las personas y actuará en defensa de su dignidad. En toda persona hay algo sagrado, intangible, oculto. Para ello, el sacerdote debe actuar en un mundo en el que la persona es vista a menudo únicamente en función de su utilidad.

Por otra parte, el sacerdote debe ser un pastor de almas. Para ello necesita conocimientos de psicología y un gran amor a las personas. Debe conocer su propia alma para poder cuidar de las almas de otros. Y necesita mostrarse atento y prudente para que las personas se sientan comprendidas y adquieran una nueva esperanza y confianza gracias a él.

¿Qué función corresponde al obispo? A las personas les dicen cada vez menos atributos episcopales como el báculo, la mitra o el mismo ropaje. Sin embargo, gracias a los medios de comunicación, al obispo se le ve cada vez más desempeñando precisamente esa función, en los servicios religiosos, en la consagración de templos y capillas, etc.

■ El obispo como protector y como pastor. Naturalmente, también es la primera autoridad de una diócesis. Para mí es importante que descubramos de nuevo las dimensiones espirituales de ese cargo. El pastor dirige el rebaño, le da una estructura y lo conduce a los espacios abiertos para que encuentre su alimento. El obispo necesita, pues, sensibilidad para descubrir qué le interesa hoy al ser humano, de qué vive, qué le nutre realmente, dicho sea utilizando una expresión gráfica. Pero también tiene que ser inteligente para dar una estructura a las diferentes parroquias y, en definitiva, también a toda la diócesis; y esa estructura no debe ser un fin en sí misma, sino servir a la vida. Y el obispo debe ser protector de la vida. Debe estar en todo momento dispuesto a intervenir contra todas las tendencias que impiden a las personas acceder a la verdadera vida.

¿Puede citar un ejemplo?

■ A ese apartado pertenece, por ejemplo, la orientación del capitalismo presidida unilateralmente por la obtención de beneficios. En mi opinión, es tarea del obispo pronunciarse contra esa tendencia y reclamar la dimensión social del capital. Pero también la creciente «juridización» de la vida coarta precisamente la vida. En este sentido, sería importante relativizar las leyes y actuar en favor de quienes sufren las consecuencias de normativas excesivamente rígidas como, por ejemplo, las leyes de asilo.

Volvamos de nuevo al sacerdocio. Algunos sacerdotes admiten que al cabo de cierto tiempo se sienten agotados o, por así decirlo, quemados interiormente. Sobre todo cuando tienen que atender a varias parroquias con pocos fieles, como ocurre a menudo en Chequia.

■ Hoy eso constituye un círculo vicioso. Como cada vez hay menos sacerdotes, a los que quedan se les asignan cada vez más tareas. Lo cual hace que el sacerdocio sea cada vez menos atractivo como profesión, y cada vez sean menos las personas que lo eligen. Pero como el sacerdote no puede romper por sí solo ese círculo vicioso, tiene que procurarse ayudas. En mi opinión, aquí es importante el camino espiritual. Si estoy en contacto con mi fuente interior, puedo trabajar mucho sin agotarme. Para mí es un reto el ser permeable al espíritu de Jesús en todo cuanto hago. Sé que esto es más fácil de decir que de hacer; pero, sabiendo que Jesús está en mí, lo que hago no me exige un gran esfuerzo, pues no sufro la presión que genera el tener que responder a las expectativas de otras personas o a mis propias exigencias. El otro camino consiste en plantearme una y otra vez las prioridades de mi trabajo. Dicho de manera más sencilla: no todo lo que los sacerdotes hacen con un gran esfuerzo están obligados a hacerlo personalmente.

Algunos sacerdotes tienen dificultades para comunicarse con los seglares. Éstos, gracias a sus estudios, a veces tienen la misma formación teológica y no se sienten obligados a aceptar lo que les dice el sacerdote, el cual percibe que su autoridad está en peligro en el seno de la parroquia y prefiere apartarse de esas personas. ¿En qué debe basarse el respeto al sacerdote?

■ La fortaleza de una persona se pone de manifiesto, entre otras cosas, en dejar que los demás desarrollen sus facultades. El sacerdote no puede dominarlo todo; ni como teólogo ni como guía de su parroquia tiene que ser el mejor. Debe dejar que las facultades de cada persona sean fructíferas para su comunidad. Si conserva el equilibrio en su vida, si celebra los servicios religiosos y atiende a las personas a partir de una intensa relación con Cristo, conocerá el respeto de los demás. En el futuro, al sacerdote se le va a exigir sobre todo competencia espiritual.

¿Qué significa eso?

■ Competencia espiritual significa para mí que el sacerdote mismo siga un camino espiritual y haga experiencias espirituales. Y significa también que entienda a las personas que acuden a él para hablarle de sus experiencias espirituales. Por eso el sacerdote tiene que ser, ante todo, un hombre de oración. Lo cual no significa que deba recitar muchas oraciones, sino que viva a partir de la oración y que conozca y practique los métodos de la meditación y del camino interior.

¿En qué debe basarse, pues, la autoridad natural del sacerdote y, en su caso, del obispo?

■ La verdadera autoridad del sacerdote debería basarse en su deseo de despertar la vida en el ser humano y en procurar que esa vida siga creciendo después. Por consiguiente, la autoridad no es ante todo una cuestión de decisiones, sino una cuestión de acrecentamiento de la vida (autoridad proviene de *augere,* que significa acrecentar). El sacerdote necesita ciertamente competencia espiritual y litúrgica, pero también competencia en la dirección de otras personas. Por lo tanto, si es competente en su ámbito, recibe también el respeto profundo de los demás. Pero no debe seguir confiando exclusivamente en su competencia ni invocando su autoridad formal. Ésta puede conseguirla por vía absolutamente natural.

¿Cómo?

■ Es determinante, ante todo, que obispos y sacerdotes sean personas espirituales. Además, es importante que tengan paz interior y confíen en Dios, que sean equilibrados y no proyecten en otros sus aspectos reprimidos. Sacerdotes y obispos tienen que aprender a plantearse conflictos y a abordarlos objetivamente. Si convencen con su vida, conseguirán una autoridad natural, y la gente aceptará lo que ellos prediquen.

¿Está usted de acuerdo en que la correcta dirección espiritual debe orientarse de modo que la persona necesite cada vez menos a su guía y sea cada vez más capaz de tomar personalmente decisiones como personalidad cristiana madura?

■ El laico ha alcanzado ya la mayoría de edad. Ya no consiente que le dirijan de manera autoritaria, como antes. Tan pronto como percibe que la dirección es autoritaria, prescinde de ella. No la necesita. Por otra parte, existe un gran anhelo de acompañamiento espiritual. Cuando las personas caen, por ejemplo, en una crisis existencial, no sólo buscan ayuda en el terapeuta, sino que también recurren gustosamente al acompañamiento espiritual. Hoy el acompañamiento espiritual es cada vez más solicitado. La Iglesia tiene que responder a ese anhelo de una manera diferente. A decir verdad, aquí se requiere, sobre todo, la presencia del guía espiritual que comprenda los problemas del hombre actual y acompañe a la persona hasta que ésta vuelva a sentirse segura de sí misma.

Pero ¿qué debe hacer el sacerdote que desea cambiar la vida de la parroquia e incorporar más seglares como colaboradores, y se encuentra con una total falta de interés o incluso con el rechazo? ¿Cómo tiene que actuar entonces?

■ Para muchos sacerdotes es descorazonador comprobar que sus esfuerzos por infundir nueva vida a la parroquia sólo encuentran incomprensión e incluso resistencia. En este caso hay dos caminos. El primero consiste en prestar oído atentamente al interior de las personas. Así, el sacerdote puede percibir cuáles son sus anhelos, deseos, preocupaciones, alegrías y necesidades más profundas. Tiene que aprender una y otra vez a tratarlos con tacto y a abrirlos al espíritu de Jesús. En el trato con las personas tiene que tener mucho cuidado y mucha prudencia. Yo no puedo imponer mis ideas con carácter absoluto y tengo, por otra parte, que desarrollar mi sensibilidad para averiguar si sólo son ideas mías o si realmente pueden ayudar a las personas. Y el segundo camino consistiría en buscarse otra parroquia. También hay parroquias para las que yo no soy el sacerdote más indicado. Después de valorar mi situación, debo aceptar que, debido a mi carácter, me adapto mejor a otra parroquia.

Pero ese sacerdote puede tener la impresión de que ha fracasado como pastor y que lo que hace es huir; o sea, que Dios le ha llamado a ocupar ese puesto, y él decide abandonarlo por su cuenta.

■ Evidentemente, no es bueno que el sacerdote abandone la parroquia tan pronto como surgen conflictos. El primer camino consistiría en afrontar esos conflictos y buscar, junto con el consejo parroquial, maneras de solucionarlos. Cuando, por ejemplo, el sacerdote no obtiene buenos resultados con su predicación, debe preguntarse por qué es así, qué debería aprender para predicar de modo que llegara a las personas. A decir verdad, el sacerdote tiene que saber también que nunca podrá hacer las cosas a gusto de todos. Por tanto, debe renunciar a la ilusión de que todos le quieran. Sólo cuando, transcurrido cierto tiempo, el sacerdote percibe que no puede ser útil en su parroquia, que su trabajo le exige mucha energía y su corazón se rebela contra lo que hace, debería empezar a pensar en cambiar de parroquia. La voluntad de Dios se manifiesta allí donde el sacerdote percibe más paz y libertad interior. Si la idea de tener una nueva parroquia despierta en el sacerdote una vitalidad renovada y hace que se sienta interiormente tranquilo, hay razones para pensar que ésa es la voluntad de Dios.

¿Hay una fórmula para incorporar realmente a los seglares a la vida de la parroquia y de la Iglesia y hacer que dejen de cumplir una función puramente pasiva?

■ El sacerdote debería sentirse agradecido si los seglares –por ejemplo, en el consejo parroquial– asumen responsabilidades con respecto a la vida de la comunidad. A menudo, los seglares se muestran pasivos cuando perciben que no pueden influir, que nadie necesita sus cualidades. A veces no ven en el sacerdote una actitud receptiva.

En una parroquia viva hay seglares que se responsabilizan de la digna ejecución de los actos litúrgicos, otros de las labores de evangelización y misión, otros de la asistencia a ancianos y enfermos o de los grupos de personas marginadas... Aparte de ello, es importante formar a los seglares para que impartan la comunión, actúen como lectores o como directores de los servicios religiosos, para así vincularlos a la parroquia. El sacerdote que consigue ser útil y activo en este campo también recibe más satisfacciones de la parroquia. Ciertamente, el sacerdote no debe sobrecargar a unos cuantos seglares.

Desde hace mucho tiempo, las mujeres desempeñan un papel especial en la parroquia. En el mundo actual ocupan su lugar con toda naturalidad, y también en la Iglesia han cobrado una mayor conciencia de sí mismas. Pero algunas, y no sólo en el ámbito de la cultura alemana, se apartan de una Iglesia que se aferra a una interpretación teológica de la posición de la mujer que se desarrolló a partir de premisas sociales y culturales completamente diferentes de las actuales. ¿Cuál podría ser el papel de las mujeres en una Iglesia del futuro?

■ Es importante que las mujeres aporten a la Iglesia su personalísimo carisma. Se trata de una nueva visión de la fe. Las mujeres interpretan la Biblia de otra manera. Ven cosas que los hombres no ven. Las mujeres desarrollan nuevas formas de liturgia. Tienen sentido para el rito. Y poseen sensibilidad para lo auténtico. Desvelan la ideologización, la prepotencia del poder, las maniobras para ocultarse detrás de argumentaciones aparentemente lógicas. Las mujeres deben confiar en su percepción y no dejarse arrollar por la lógica de los hombres. Naturalmente, también sería bueno que las mujeres pudieran acceder a los mismos puestos que los hombres, o sea, que las mujeres también pudieran ser diaconisas y sacerdotisas. Cabe pensar que aún tiene que transcurrir algún tiempo para que eso ocurra. En cualquier caso, mientras tanto deberían seguir desarrollando lo que hay de sacerdotal en ellas. Las sacerdotisas son guardianas del fuego. Ésa era la función de las vestales en Roma. Como sacerdotisas, las mujeres deben proteger el fuego del amor en este mundo. Deben proteger lo sagrado en ellas y, de ese modo, proporcionar a las personas acceso a su propio santuario, santuario que está en su corazón, allí donde Dios mora en ellas.

Volvamos a la Iglesia. ¿Cómo entiende usted la petición de una Iglesia pobre y servicial formulada por el teólogo francés

Yves Congar? ¿Cómo podrían manifestarse concretamente la pobreza y el servicio de la Iglesia en estos tiempos?

■ El Concilio vio la pobreza como un rasgo esencial de la Iglesia. La Iglesia es pobre cuando se vuelve a los pobres y comparte su vida con los pobres. Por otra parte, la Iglesia en cuanto institución necesita siempre dinero. No obstante, la pregunta es qué hace con el dinero y si lo emplea en los pobres. La Iglesia es interiormente libre y pobre cuando no está supeditada al dinero, a los bienes materiales o a proyectos grandiosos, e imita a Jesús en su pobreza. Por una parte, la pobreza de la Iglesia podría manifestarse en un estilo de vida sencillo; por otra, en la implicación en favor de los pobres. Pero no sólo en eso. La Iglesia debe levantar su voz en favor de los pobres y llamar la atención sobre las estructuras injustas que rigen el mundo.

¿Considera usted que la Iglesia actual es pobre? Si comparamos el nivel de vida de las familias jóvenes con el de algunos sacerdotes o monjes (automóvil, casa parroquial o convento, alimentación, etc.), las familias con varios hijos sentirían claramente envidia...

■ No debe verse la pobreza exclusivamente en el nivel de vida. En tal caso, la pobreza puede convertirse en una negación de la vida. Si yo me comprometo a no beber ni una sola cerveza porque los pobres de África tampoco la pueden beber, la pobreza se convierte en un elemento moralizante. La pobreza se manifiesta en un estilo de vida sencillo, pero sobre todo en la disposición para compartir mi vida y mis bienes con los pobres. Y es ciertamente un constante reto para los sacerdotes y los monjes el pensar en su pobreza y no entenderla sólo como puramente espiritual. También se puede medir: por ejemplo, comparándola con el nivel de vida de las familias jóvenes.

¿Tiene usted la sensación de que está supeditado a un valor material?

■ Como administrador, debo cuidar de que la abadía pueda pagar los sueldos de sus empleados. Para ganar el dinero debo hacer que los establecimientos de la abadía sean rentables. Ello me obliga a manejar correctamente el dinero. En este punto reconozco que tengo tendencia a dejarme guiar por el éxito. El dinero ejerce una fascinación que le es propia. Por eso, para mí es un reto espiritual distanciarme de él. No estoy muy apegado a las cosas materiales. Naturalmente, le tengo cariño a mi reproductor de CD, pues me gusta escuchar buena música. Pero no se hundiría el mundo si no lo tuviera.

Por otra parte, tener bienes no es pecado, sobre todo si han sido adquiridos correctamente. Pero ¿cómo puede un empresario distinguir, por ejemplo, entre una actitud basada en el ahorro y otra basada en el apego al dinero?

■ El empresario tiene que asegurar su empresa en el plano económico. Necesita reservas para garantizar el futuro, sobre todo si tiene que afrontar malos tiempos. Pero todos debemos protegernos de la atracción que ejerce el dinero. Cuando alguien quiere cada vez más y no tiene medida, es víctima del instinto de posesión. Lo importante es la responsabilidad con las demás personas. Si ya no veo sus derechos y necesidades, soy esclavo de mi concepción de la vida.

Después del Concilio, Johann B. Metz escribió un libro titulado Las órdenes religiosas. *Existía la esperanza de que las órdenes religiosas, con su existencia simbólica, iban a desempeñar en ese momento un papel especial como avanzadilla. ¿Cómo ve usted la situación, de acuerdo con los signos actuales?*

■ A veces, cuando hablo con religiosos, percibo perfectamente el desasosiego general que precede a los grandes cambios o, al menos, una atmósfera más libre y más abierta. Cuando hablo con sacerdotes pertenecientes al clero secular, oigo más lamentaciones: el sacerdote se siente impotente al tener que atender, por una parte, a las normas establecidas desde Roma y, por otra, a las exigencias del trabajo pastoral en la parroquia. Para mí las órdenes religiosas son y han sido siempre espacios libres en los que el Espíritu Santo alumbra constantemente nuevos impulsos. Las órdenes religiosas no están tan sujetas a las autoridades de la Iglesia. No tienen que tener tanto en cuenta a la jerarquía. Los miembros del clero secular son a menudo luchadores solitarios. Las posibilidades de las órdenes religiosas consisten en desarrollar visiones conjuntas y acometer proyectos. Estoy convencido de que ahora las comunidades conventuales también van a percibir su misión profética en la Iglesia y en la sociedad. Ciertamente es importante que los monjes busquen juntos a Dios y sigan su camino espiritual también juntos. No cabe duda de que también en las órdenes religiosas existe el peligro del individualismo. Si sólo hay personalidades carismáticas independientes, pero no un despertar espiritual duradero, no faltan los problemas. Las personas consideradas individualmente necesitan un despertar espiritual, pero la comunidad también lo necesita en todo momento para que no se imponga la mentalidad de gurú.

9. La búsqueda de Dios

De la fe, la duda, el humor y la mística

¿Cómo puede ser hoy Cristo la sal de la tierra? ¿Qué significa eso en la sociedad moderna?

■ La sal sazona, purifica y protege de la corrupción. Esa metáfora insiste en que el cristiano no debe limitarse a adaptarse y nadar a favor de la corriente. A través de su vida, orientada de acuerdo con Jesús, el cristiano da testimonio de que existe otra posibilidad para la existencia humana: con Jesús. El cristiano busca la voluntad de Dios y procura estar en paz consigo mismo y con los demás.

Pero el cristiano tiene, a la vez, la tarea profética de implicarse en este mundo en favor de la reconciliación, fijar su mirada en los grupos de personas marginadas y denunciar las tendencias inhumanas de la sociedad actual. Eso significa que no debe darse por satisfecho con la situación de este mundo, sino que tiene que alzar su voz en cualesquiera ocasiones en que se ignore o se lesione la dignidad humana. Debe ser sazón de la sociedad. Y debe vigilar para que su implicación en el mundo no se vea falseada por motivos egoístas.

En lugar de ello, los creyentes caen a menudo en la tentación de encerrarse en guetos religiosos que les proporcionan la sensación de pertenecer al grupo de los elegidos. ¿Dónde ve usted el peligro para ese mundo cerrado, en el que nos sentimos a gusto juntos y nos apoyamos unos a otros? También los conventos se distancian conscientemente de su entorno...

■ Sí, los conventos crean conscientemente un clima cristiano, una sociedad cristiana por oposición. Lo cual tiene plena razón de ser. Pero ese mundo cristiano por oposición sólo tiene sentido si busca conscientemente el diálogo con el otro y da testimonio ante los demás de un modelo de vida alternativo. Cuando los cristianos se recluyen en un gueto, se rinden. Dejan de ser levadura del mundo. Y existe el peligro de que entonces se consideren mejores que las demás personas del mundo, que se coloquen por encima de los demás y ya no tengan influencia para moldear ese mundo de acuerdo con el concepto cristiano.

¿Hasta qué punto la búsqueda es parte integrante de la fe? Algunos cristianos tienen dificultad para conciliar una fe sólida con la búsqueda.

■ San Benito concibe al monje como una persona que busca verdaderamente a Dios. A lo largo de nuestra vida buscamos a Dios. La fe en Dios nunca es algo sólidamente adquirido. Yo tengo que preguntarme constantemente: ¿quién es realmente este Dios?; ¿es cierto lo que he escrito en mis libros sobre Dios, sobre Jesús, sobre el ser humano?... Ciertamente, la fe cristiana da respuesta a nuestras preguntas, pero también genera preguntas nuevas, pues Dios es siempre diferente de todas mis representaciones de él; está más allá de mis imágenes y conceptos. La búsqueda de Dios mantiene vivo al ser humano. El que cree tener una fe sólida y disponer de respuesta para todo permanece interiormente inmóvil durante su vida.

¿Puede decirse, entonces, que las dudas de la fe son un elemento natural de la vida cristiana? Y, en caso afirmativo, ¿cuándo son expresión de una disposición para una búsqueda más profunda o para una modificación de las ideas propias y cuándo son, por el contrario, expresión de pusilanimidad?

■ También las dudas son un elemento esencial de la fe. En el camino espiritual corremos constantemente el peligro de aferrarnos a las imágenes de Dios ya consagradas. Las dudas me obligan a corregir esas ideas. Durante la oración, por ejemplo, me asaltan dudas acerca de si mis ideas sobre Dios no serán una invención de mi mente, de si tiene realmente sentido la fe. Entonces intento llegar al fondo de esas dudas y me digo: está bien, todo lo que hago es una ilusión; por lo tanto, todo es absurdo. Cuando llego a este punto, se me impone súbitamente la profunda convicción de que, aun así, confío en la Biblia, en la fe que vivieron Agustín y Teresa de Jesús, y al final llega la decisión: sí, yo apuesto a esa carta. No obstante, también están las dudas del burgués comodón que no apuesta por nada. Naturalmente, estas dudas son malsanas y hacen que la persona se aparte de Dios.

Determinados cristianos tienden a parapetarse detrás de las normas de la Iglesia, pues les proporcionan la seguridad de la orientación correcta y, al mismo tiempo, les permiten repudiar el mundo exterior. Quien se atiene a las normas es bueno y se salvará. Pero entonces el cristianismo se convierte, a los ojos de los demás, en una especie de religión legalista sin libertad ni alegría interior. ¿A qué se debe eso?

■ Las directrices y los preceptos de la Iglesia sirven para que el ser humano mantenga una determinada dirección. También el pueblo de Israel pidió a Dios que le diera los diez mandamientos y, con ellos, una normativa apropiada para la vida. Naturalmente, también puedo utilizar los mandamientos como arma contra las personas. Me puedo encumbrar a mí mismo si vivo de acuerdo con la ley y me creo por ello mejor que los demás. Si alguien utiliza la fe de esa manera, corre el peligro de caer en el fariseísmo, cosa que Cristo criticó durísimamente. Y es un peligro que acecha a muchos cristianos. Un cumplimiento riguroso de los mandamientos también puede llevar a descuidar las necesidades interiores. La agresión reprimida, ya mencionada, se manifiesta a través de la crítica a otras personas. Se puede hablar incluso de la llamada brutalidad de los piadosos que condenan a todos los demás. Si demonizo a los demás, demuestro que tengo el demonio en mi corazón; pero si veo los mandamientos como indicadores al servicio de mi vida, entonces resultan santificadores, aunque ello suponga tener que hacer frente a mi lado oscuro. En cualquier caso, así permanezco abierto a los demás seres humanos. Por eso es importante tener una experiencia espiritual positiva, antes de empezar a cumplir los mandamientos.

Para los padres del desierto, el no juzgar a los demás constituía el indicador más valioso de que se estaba en el camino espiritual adecuado.

■ Sí. El que juzga a otros demuestra que no está en armonía consigo mismo. Tiene que juzgar a otros para colocarse por encima de ellos. Quien está en paz consigo mismo y ha encontrado a Dios en él, no tiene necesidad de juzgar a otros, sino que ora para que todos encuentren la paz.

Algunos cristianos se sienten frustrados por la concepción legalista de la fe, pues ven cómo su entorno disfruta de lo que ellos no pueden tener. ¿Cómo se puede superar esa amargura?

■ Cuando alguien envidia a otras personas por lo que pueden hacer, pone de manifiesto que tiene los mismos deseos que ellas. Y cuando no satisface esos deseos únicamente porque la Iglesia lo prohíbe, es que no madurado como cristiano. La pregunta fundamental es: ¿qué es lo que conduce a la vida y cómo se puede vivir conociendo el éxito?. Cuando veo que todos los que están junto a mí disfrutan de la vida, tengo que preguntarme si su estilo de vida les proporciona más vida o si con ello son víctimas de nuevas dependencias.

La renuncia y el disfrute forman parte de la vida cristiana. Quien no es capaz de renunciar a nada, nunca tendrá una personalidad fuerte. La psicología afirma también que el ser humano no hace el mal por placer, sino por desesperación. Por eso es muy importante saber si posee paz interior y es realmente feliz.

¿Cómo puede saber una persona que es realmente feliz?

■ La felicidad no es algo que se pueda agarrar con las manos y desentrañar. Feliz es el que está en armonía consigo mismo, el que está agradecido por su existencia, el que se acepta a sí mismo y acepta su situación en la vida. El que da demasiadas vueltas a su felicidad, el que se ocupa siempre y exclusivamente de sí mismo y se contempla a sí mismo para comprobar si finalmente es feliz, nunca conocerá la verdadera felicidad. Feliz es aquel que consigue olvidarse de sí mismo.

El ser humano alcanza el más alto grado de felicidad cuando está enamorado. Por lo demás, no hay palabra que se use más frecuente e indebidamente que la palabra «amor». Mientras que en la terminología cristiana «amor» es uno de los conceptos clave, en la práctica diaria tiene infinitas acepciones. ¿Es realmente posible decir a otra persona algo sobre el amor de Dios?

■ No podemos hablar del amor de Dios en términos puramente teológicos, pues eso no le afecta al ser humano. Tenemos que partir de la experiencia del amor que viven las personas hoy en día. Dicho esto, hay que añadir, sin embargo, que en la experiencia humana del amor ya está la idea de ese amor divino. Todo ser humano desea amar y ser amado. El amor nos puede hechizar, pero al mismo tiempo muchas personas comprueban hoy que el amor es muy frágil y puede convertirse rápidamente en lo contrario. El amor humano siempre está mezclado con ansias de posesión y con deseos de control.

En esa experiencia del amor cautivador y a la vez frágil, el ser humano anhela un amor más puro, un amor que no sea más que amor. Cuando apelo a ese anhelo, puedo hacer comprender a la persona que el amor que Dios nos tiene es absoluto, pues se trata de un amor sin reservas y que no está perturbado por otras intenciones. El problema radica en que muchas veces no percibimos el amor de Dios.

¿Cómo se puede explicar hoy a una persona el secreto de la muerte y la redención de Jesús como expresión del amor de Dios?

■ En primer lugar tenemos que despojarnos de no pocas falsificaciones que a menudo se transmiten en una catequesis excesivamente simplificada. Dios no necesita la muerte de su Hijo para perdonar o redimir nuestra culpa. Dios perdona sin poner condiciones, pues nos ama. Jesús no se hizo un ser humano para morir por nosotros, sino para predicar el mensaje del Dios próximo y misericordioso. Fue en el curso de su vida cuando tuvo que aceptar que sería asesinado por la clase dominante. Jesús aceptó la muerte por solidaridad con sus discípulos y con todos los seres humanos. La cruz es la culminación de su proceso de humanización. Jesús se hizo humano con todo lo que a un ser humano le puede acontecer. Y su mensaje del perdón es confirmado en la cruz. Si Jesús perdona incluso a sus asesinos, tenemos que confiar en que Dios nos va a perdonar.

Aun así, la Biblia no relaciona la muerte de Jesús en la cruz con el perdón de los pecados. La Biblia conoce doce modelos diferentes de Redención, y en cada uno de los modelos está presente la cruz. En Lucas, la cruz es una imagen de las muchas tribulaciones que tenemos que soportar para acceder a la magnificencia de Dios. En Marcos, la cruz significa la victoria de Jesús sobre los poderes de las tinieblas, sobre los demonios que castigan y oprimen al ser humano. En Juan, la cruz es la culminación del amor. En ella comprobamos que Dios nos ama en todas las alturas y en todas las profundidades, en toda contrariedad y en todo desgarramiento, que no hay nada en nosotros que quede excluido del amor de Dios.

Sobre el secreto de la Redención y sobre el secreto de la cruz sólo podemos hablar en imágenes, tal como hace la Biblia.

Detengámonos todavía en un concepto que se usa común-mente en la Iglesia pero que ha perdido su significado para el mundo: el pecado. Se dice, por ejemplo, que es un «pecado» no aprovechar una ganga; o, en otro sentido, que un determi-nado plato de comida está «de pecado»...

■ Es verdad que e hombre de hoy tiene apenas entiende el pecado como una contravención de los mandamientos. Pero sí se da cuenta de que no todo lo que hace está bien, que tal vez hiere a otras personas o que vive ajena a sí mismo. Por eso prefiere hablar de «culpa», más que de «pecado». Y poetas y psicólogos saben de sobrada que el ser humano puede perfec-tamente culpabilizarse. Los terapeutas tratan a menudo en su consulta a personas con sentimientos de culpa.

El ser humano no se hace culpable esencialmente por transgredir un mandamiento, sino porque niega su vida en cuanto que vive en contra de su conciencia, en cuanto que se vuelve contra Dios, el cual le habla a través de su conciencia.

En su libro Spiritualität von unten *[Espiritualidad desde aba-jo] afirma usted que el humor debería figurar entre los rasgos fundamentales de los cristianos. Aun así, algunas personas objetan que los Evangelios no dicen nada sobre la risa de Jesús o sobre su sentido del humor, y que la fe es un tema de-masiado serio. ¿Qué opina usted?*

■ El humor desempeña un papel importantísimo, sobre todo en la formación de una correcta percepción de uno mismo. Los primeros monjes consideraban la humildad (*humilitas*) como la característica más importante de la persona espiritual. A la humildad pertenece también el humor, pues la humildad tiene que ver con *humus* y con humor. Es la disposición a asu-mir la propia terrenalidad y a marcar distancias con respecto a las imágenes ideales excesivamente rigurosas y carentes de humor que nos formamos de nosotros. Humor es distensión, suavidad, capacidad de reírse de uno mismo. Y es absolutamente lógico que esa libertad interior pueda representarse exteriormente.

La visión sana de uno mismo es una premisa para tener una visión correcta de Dios. La Biblia cuenta historias en las que se ve el humor de Dios: por ejemplo, el libro de Jonás está lleno de humor; y también el profeta Elías, que en un principio era una persona terca y amargada. No obstante, Dios le acoge en su escuela, que, por así decirlo, es una escuela del humor.

Y si leemos los Evangelios, descubrimos que Jesús tenía ciertamente sentido del humor, el cual se reflejaba en sus parábolas. Cuando habla del administrador que engaña a su amo, o de la viuda que no deja de acosar al poderoso juez, el cual acaba haciéndole caso para que deje de importunarle, Jesús pone de manifiesto su sentido del humor. También tiene sentido de la paradoja, de cómo se puede desenmascarar al poderoso, sentido de la verdad tal como es. Jesús no habría fascinado a las personas ni las habría cautivado con sus parábolas si éstas no hubieran estado llenas de humor e ingenio.

El humor está estrechamente relacionado con la alegría interior. ¿Está condicionada la falta de humor por una falta de alegría? En otras palabras: ¿no es eso un signo de que el ser humano no ha asimilado interiormente el Evangelio?

■ Indudablemente, la falta de humor está relacionada con el hecho de no conceder espacio suficiente a la alegría interior. En definitiva, se podría decir que no se ha comprendido la buena nueva de Jesús, pues la reacción frente a su mensaje y sus acciones curativas fue siempre la alegría de quienes presenciaban tales cosas.

Karl Rahner dijo en cierta ocasión que «el cristiano del futuro será un místico, o sea, alguien que ha experimentado algo, o no será nada». ¿Qué opina usted al respecto?

■ Para mí, ésa es una declaración nuclear de Karl Rahner que sigue citándose hoy con mucha frecuencia. Rahner quiere decir que el cristiano del futuro no puede atenerse exclusivamente a teorías o dogmas, sino que tiene que experimentar algo de Dios, porque de lo contrario no podrá subsistir en el mundo, no podrá dar testimonio de lo que le mueve. Rahner se remite a la experiencia de los primeros cristianos, los cuales convencían porque hablaban desde una profunda experiencia espiritual.

Pero ¿cómo puede convertirse en místico una persona normal? Suele considerarse místicas a quienes se dedican a orar en la paz del convento y no se ven perturbados por el mundo exterior. Pero ese camino está vedado a muchas personas...

■ Místico es quien experimenta a Dios. Y todo ser humano puede experimentarlo. Para ello tiene que abrir sus sentidos, vivir conscientemente lo que vive a diario, y en todo –en el silencio y en el bullicio, en el descanso y en el trabajo– estar atento al mensaje secreto de Dios. La esencia de la mística es la experiencia. De acuerdo con su etimología, la palabra «místico» alude a la persona que ha visto algo, que ha recibido una visión profunda. Yo no he tenido visiones, sino que he mirado al fondo de mi existencia y ahí he visto a Dios como el verdadero fundamento.

¿Dónde radica, en su opinión, la supratemporalidad de la mística?

■ La persona religiosa vive de la experiencia espiritual. En esa medida, necesita de la mística. Como es lógico, la fe tiene diferentes polos: fe y moral, mística y política, oración y trabajo... Siempre necesitamos las dos cosas. Si se absolutiza un polo, se falsea la religión. Durante años, la Iglesia ha cargado las tintas en el aspecto moral y ha descuidado el aspecto de la experiencia espiritual. Por eso es importante hoy descubrir de nuevo la mística. Pero la Iglesia también tiene que conocer siempre su responsabilidad social y no debe limitarse exclusivamente a la experiencia. Eso no sería más que otra forma de unilateralidad, que tarde o temprano tendría sus consecuencias.

10. Conservar el sentido del misterio

Del arte, la muerte y los ángeles

Se dice que el ser humano nunca se sintió tan desorientado como en nuestros tiempos. Ahora necesita la ayuda de los psicoanalistas para comprender su interior y conocerse a sí mismo. ¿Dónde ve usted la causa de ese estado anímico?

■ Hoy, el ser humano es un enigma para sí mismo. Hay diversos modelos que pretenden explicar ese misterio. Muchos se sienten confundidos por las diversas propuestas que se les ofrecen como explicaciones. El ser humano actual no tiene una base sólida a partir de la cual pueda explicar lo que le ocurre. Por eso tiene necesidad de otras personas que le ayuden a interpretar sus ideas y sus sentimientos. El ser humano no está en sí. Ha perdido el sano juicio para percibirse a sí mismo. Por eso tiene que escuchar las explicaciones de otros, si es que quiere comprenderse a sí mismo. El extrañamiento del ser humano con respecto a sí mismo es la causa de ese estado.

Blaise Pascal veía la causa de la miseria humana en su inconsistencia.

■ Blaise Pascal opina que al ser humano le va tan rematadamente mal porque ya nadie quiere quedarse solo en su habitación. Quien ya no se aguanta a sí mismo, tiene que ir constantemente de un lado para otro. Elude su propia verdad. Huye de sí mismo. Y huir de sí mismo no es bueno para el ser humano, que tiene que buscar constantemente nuevas actividades o nuevas diversiones. Pero ya dijo Jesús que sólo la verdad nos hará libres. La huida genera presiones en nuestro interior.

Es por eso, tal vez, por lo que hoy en día tantas personas só-lo quieren divertirse de manera pasiva y están dispuestas, por ejemplo, a ver los más absurdos programas de televisión. Algunos sociólogos profetizan incluso que nuestra cultura «se va a divertir hasta la muerte».

■ En eso se basa toda la cultura de la diversión, una cultura que invita a dejarse llevar por las influencias exteriores, aunque con ello no hace otra cosa que animar al ser humano a huir de sí mismo. En lugar de enfrentarme a mi verdad, la eludo con ayuda de la televisión. Deseo que me entretengan para no tener que hacerme preguntas esenciales. En la televisión me limito a consumir. Todo lo que encubro con la televisión va a volver a mí durante la noche, bien en forma de sueños caóticos o de un descanso perturbado por el desasosiego. Sólo puedo protegerme contra la industria de la diversión si fijo y estructuro mi tiempo. A veces basta con tomar la televisión y arrojarla a la basura.

¿Hasta qué punto están unidas la vida cultural y la vida espiritual del ser humano? En otras palabras, ¿se ve amenazada la vida espiritual del consumidor por la misma diversión? El sentido de la diversión es justamente lo contrario: no exige realizar esfuerzo alguno para obtener más diversión.

■ Existe el peligro de que el consumidor típico de televisión interprete el servicio religioso de la misma manera, que adopte la postura del espectador pasivo. Y como el servicio religioso es más sosegado y menos divertido que la televisión, no le dice nada. Él sólo valora el servicio religioso como espectador, en vez de implicarse en él y dejarse afectar por la palabra de Dios.

¿Es normal que los cristianos lean los mismos periódicos y revistas –prensa «rosa», por ejemplo– y vean los mismos programas de televisión que la mayoría de los consumidores?

■ Los cristianos viven en este mundo. Por tanto, es absolutamente normal que lean los mismos periódicos y revistas y vean los mismos programas de televisión. La pregunta es cómo reaccionan: si dejan que los medios determinen sus opiniones o si mantienen una actitud crítica. La mirada crítica puede conducir a no ver más programas de televisión y a dejar de adquirir determinados periódicos y revistas.

¿Acaso la Iglesia se ha mostrado poco diligente al respecto? En otro tiempo fue portadora de cultura, fuerza inspiradora y protectora del arte, pero después su relación con los artistas se debilitó, y ahora la Iglesia no tiene prácticamente ningún contacto con la cultura en muchos aspectos.

■ La Iglesia siempre quiso fijar de antemano el arte y utilizarlo para ella. No podía soportar que los artistas fueran personas libres que vieran el mundo a su manera e interpretaran los temas religiosos en términos profanos para despertar la curiosidad de las personas. La Iglesia tiene miedo a perder su influencia en la sociedad actual, y por eso ya no se atreve a mantener un diálogo con el arte moderno. La Iglesia quiere fijar el arte por sí misma, pero así pierde a los mejores artistas, que no se dejan guiar por ningún dogmatismo, pues prefieren seguir la llamada de su intuición.

¿No consiste el problema, a veces, en que la Iglesia se aferra a conceptos del arte arcaicos y ya superados? De acuerdo con su visión, el verdadero arte debe ser bello y auténtico. Sin embargo, la belleza es una categoría estética y, por consiguiente, mudable. También el concepto de lo auténtico es problemático: el artista puede ser interiormente auténtico y, no obstante, apartarse del punto de vista de la Iglesia.

■ En la Edad Media, la Iglesia fue sin duda una importante protectora del arte. Creó el espacio en el que los artistas pudieron realizar sus ideas. Es característico del arte pensar de manera independiente. El arte no se deja dirigir. Y muestra al mundo su particular visión de las cosas, una visión que no coincide necesariamente con la de la Iglesia. El arte quiere provocar, no limitarse a respaldar el mensaje de la Iglesia. La Iglesia no debe contemplar el arte de acuerdo con sus patrones morales. El arte revela lo que ocurre en su entorno. Es como una ventana que nos permite ver, no el mundo ideal, sino el mundo real en cuanto enigma. Los artistas no ven la vida a través de un cristal de color rosa. Y hoy el mundo es muy diferente del que desearían algunos representantes de la Iglesia.

Los artistas actuales también buscan a Dios e intentan expresar así su búsqueda. Por eso considero correcto que la Iglesia trate de restablecer el diálogo con el arte. Aun así, debe evitar limitar o estrechar ese diálogo con medidas dogmáticas; el arte necesita espacio.

Usted dijo en cierta ocasión que el artista tiene intuición para captar el secreto de Dios. ¿Qué quiso decir con ello?

■ El arte siempre tiene algo que ver con el misterio. Y ése es el término correcto para definir a Dios: Dios es el verdadero misterio. El ser humano no puede captar a Dios con conceptos precisos sino sólo acercarse a él como misterio. Lo cual puede hacerse con ayuda de metáforas, pues se acercan más a Dios que los términos científicos precisos; o puede hacerse también a través de representaciones pictóricas y escultóricas y estatuas que reflejen algo de la magnificencia de Dios. El arte es una ventana a través de la cual el ser humano puede contemplar el reflejo de la magnificencia de Dios. También la música es una ventana abierta a la trascendencia, pues su misión consiste en hacer audible lo inaudible, hacer que se oiga el silencio. Todo artista tiene, pues, intuición para el misterio, y quien encuentra en sí intuición para el misterio también puede encontrar intuición para Dios. Los griegos dicen que el arte está lleno de Dios. El verdadero arte tiene que ver siempre con el misterio de Dios. Pero el artista se niega a confirmar la imagen de Dios que se le da de antemano. En su actividad, el artista sigue ante todo la llamada de su intuición.

¿En qué es importante el arte para usted?

■ Cada mañana medito ante un icono, pero lo que realmente me gusta es la música: Mozart, Beethoven, Haydn, Bach... En la música percibo algo de la magnificencia del cielo. Para mí también son importantes la pintura, la escultura y la arquitectura. Si recorro nuestra vieja iglesia, el espacio actúa a menudo sobre mí como una instancia santificadora. Y a menudo me detengo a meditar delante de cuadros y esculturas. Muchas veces, eso me dice bastante más que la lectura de un libro. Pero la literatura también es importante para mí. Me gusta leer poemas y novelas. En esas obras se manifiesta el secreto del ser humano. Y con frecuencia resuena en ellas algo del misterio de Dios. A veces, después de leer una novela comprendo mejor el amor de Dios que después de leer ciertos tratados de teología.

La Iglesia no se ha mostrado últimamente poco activa tan sólo en el campo del arte. Uno de los retos más importantes de nuestro tiempo es el de la relación del ser humano con la creación, con el mundo circundante. ¿Cómo es, en su opinión, la relación del cristiano de hoy con la naturaleza viva, con el paisaje, con la protección del ambiente? ¿Presta la Iglesia la debida atención a ese tema? ¿No se ha quedado en las reflexiones sentimentales sobre san Francisco de Asís?

■ Sin duda, y de acuerdo con una perspectiva histórica, la Iglesia ha subestimado ese ámbito, sobre todo en la época de la Ilustración, cuando se produjo un excesivo aprecio por la razón. Cuando la Iglesia descuida un tema importante, la esfera «profana» no tarda en pasarle factura. En su momento, la Iglesia abandonó, por ejemplo, ciertas prácticas de ayuno, y ahora éstas vuelven de la mano de la medicina. En los últimos treinta años, la Iglesia ha descuidado la solución de diversos problemas actuales. El movimiento pacifista y el movimiento ecológico surgieron fuera del ámbito de la Iglesia. El sentido para el rito ha sido redescubierto por la psicología. Pero la Iglesia sí se ha replanteado esas cuestiones.

El contacto con la naturaleza es siempre una referencia importante para saber si el ser humano lleva una vida espiritual sana. Cuando alguien trata desconsideradamente a los animales, pone de manifiesto que su fe no brota del corazón. Ya san Benito pedía a sus hermanos que trataran las cosas como si fueran santas. Una espiritualidad sana conlleva siempre un trato sano con la creación. No obstante, en los últimos años la Iglesia se ha ocupado intensamente del problema del medio ambiente como responsabilidad suya, y ha leído la Biblia con otros ojos. Y algunos teólogos han redescubierto la teología de la creación, que otros muchos enseñaron con anterioridad, pero que en los últimos trescientos años había quedado oculta por la teología de la redención. Pienso que hoy, en amplios círculos, la Iglesia ha desarrollado una nueva sensibilidad hacia los temas de la ecología y la protección del medio ambiente.

Según la opinión de no pocos ecólogos, el cristianismo es precisamente responsable de los actuales problemas del medio ambiente. En ese sentido, citan con frecuencia la exhortación bíblica a someter la tierra a su imperio, exhortación que ha conducido a la explotación de la naturaleza. ¿Cómo entienden los teólogos actuales esas palabras de Dios?

■ Sí, a lo largo de su historia el cristianismo ha descuidado la teología de la creación y ha predicado de manera unilateral la teología de la redención. En ese sentido, durante siglos las medidas para conservar la creación no han tenido un carácter prioritario. Las palabras de la Biblia significan en realidad que el ser humano debe cuidar y cultivar la tierra. Hasta bien entrada la Edad Media, el cuidado de la naturaleza estuvo también enraizado en el cristianismo, pues el gozo basado en la belleza de la creación caracterizó la liturgia y el monacato benedictino. En tiempos de la Ilustración, cuando las nuevas posibilidades del conocimiento racional empezaron a fascinar al ser humano, éste perdió la relación con la naturaleza. Por otra parte, la espiritualidad mariana fue siempre una espiritualidad amiga de la creación. De hecho, prácticas como las flores de mayo relacionaban la alegría del culto a la Virgen con la alegría que proporciona el disfrute de la naturaleza.

Hoy el ser humano también tiene que hacer frente a nuevas tareas. Así, el desarrollo de las biotecnologías plantea, por ejemplo, la pregunta acerca de la problemática ética de la clonación. ¿Qué papel debe desempeñar la Iglesia en ese terreno y cómo debe proceder para que sus esfuerzos no sean contraproducentes?

■ La respuesta a la pregunta acerca de cómo debemos tratar el principio y el fin de la vida humana y de si está permitida o no la clonación –y, en caso afirmativo, en qué circunstancias– es hoy un tanto explosiva. Ciertamente, la iglesia tiene ahí una importante función que desempeñar, pero no puede contestar a la pregunta en solitario. Debe abordar el diálogo con las ciencias. Y debe esforzarse, junto con los moralistas y teólogos de otras religiones y culturas, por llegar a una ética universal (*Weltethos*) que Hans Küng viene predicando desde hace años. Percibimos que hoy la ciencia y la técnica ya no pueden avanzar sin una ética universal, pues no es lícito hacer todo lo que podemos hacer desde el punto de vista técnico, y tampoco todo cuanto se nos ocurra. Necesitamos un consenso ético, si no queremos destruir este mundo.

En Holanda y en Bélgica se han aprobado recientemente leyes en favor de la eutanasia. Y en diversos países europeos crece el apoyo a la ayuda activa a la muerte. ¿Por qué deben sufrir innecesariamente las personas con enfermedades incurables, si de ese modo pierden su dignidad como personas? ¿No demuestran esas tendencias que hoy el ser humano percibe con más sensibilidad el sufrimiento de sus congéneres y que a éstos les asiste el derecho a morir de una manera digna?

▨ Eso demuestra más bien otra cosa. Concretamente, que el ser humano ha olvidado que la vida no le pertenece, pues no es él, sino Dios, el dueño de la vida y de la muerte. Ciertamente, el uso de la ayuda activa para morir es una reacción ante medidas que prolongan la vida, en ocasiones, sin sentido. Pero no me es lícito fijar por mí mismo el momento de la muerte, porque, si lo hago, acorto el proceso. Muchas veces he visto que el proceso de la muerte del padre y de la madre era un saludable camino de reconciliación para toda la familia, así como una oportunidad para plantearse preguntas esenciales de la existencia.

El propugnar la ayuda activa a la muerte responde a menudo a la idea de que el sufrimiento es inaceptable. El ser humano que sufre tiene que sanar lo antes posible, o bien eludir el sufrimiento mediante una muerte rápida. Los familiares no están dispuestos a soportar por más tiempo el dolor del padre o de la madre y presionan a los moribundos a que pongan fin lo antes posible al proceso. Es cierto que a veces el cristianismo ha ensalzado excesivamente el sufrimiento, pero también lo es que, si se elimina el dolor, la sociedad se vuelve inhumana. La eliminación del dolor dispara una oleada de agresiones. Ya no tiene que haber personas que sufran. En lugar de soportarlas, se las elimina.

Muchos afirman que no tienen miedo a la muerte, sino a morir. Antes era más bien al revés. Se tenía miedo a la condenación.

■ El miedo a la muerte tiene múltiples facetas. Para muchos es, sobre todo, el miedo al dolor; para otros puede ser el miedo a la propia impotencia, el miedo a verse a merced de otras personas. También hay miedo a despedirse para siempre de los familiares. Y hay, asimismo, miedo a lo desconocido que se esconde detrás de la muerte. Para muchos está, además, el miedo al juicio. Para unos es el miedo a tener que admitir que nunca vivieron realmente; para otros, en cambio, el miedo a la condenación y al infierno.

¿Tiene usted miedo a la muerte?

■ Como me gusta la vida, no quiero morir pronto. En ese sentido, tengo miedo a morir en un accidente y no poder despedirme de manera adecuada. Y tengo miedo de que un día ya no pueda pensar con coherencia. Pero no tengo miedo a la condenación y al infierno. Ahí tengo suficiente confianza para pensar que estoy en las manos amorosas de Dios.

A pesar de ello, ¿cómo explicaría usted a la gente el concepto de la «condenación eterna»? Hoy el infierno ya no produce miedo a nadie.

■ Yo siempre explico el infierno como un fracaso del ser humano. Éste puede perder totalmente la orientación de su vida y, en su obcecación, aferrarse a ese fracaso incluso en la muerte, momento del encuentro con Dios. Entonces él mismo se condena y va a parar al infierno. Dios no precipita a nadie en el infierno; pero quien se bloquea se separa por sí mismo de la comunión con él, se separa de la vida «en el cielo».

La excesiva insistencia en el infierno ha hecho que la predicación sobre este tema ya no impresione al hombre de hoy. Si queremos saber cómo son realmente los demonios o el diablo, nos exponemos a caer en una trampa decididamente diabólica. No en vano se dice que la mayor argucia del demonio consiste en hacernos creer que no existe. El diablo y los demonios son imágenes que dicen algo sobre la realidad del mal al que hoy nos enfrentamos. La televisión y otros medios nos muestran que el mal no es inocuo.

¿Dónde está, en su opinión, la frontera entre el miedo saludable y el miedo malsano a lo que le espera al ser humano después de la muerte?

■ Cuando yo era niño, me impresionaban profundamente los sermones sobre el infierno: me hacían sentir miedo a la condenación; pero sólo en el momento en que oía aquellas palabras, luego desaparecía. De miedo malsano al demonio puede hablarse cuando constituye una fijación. Conozco a personas que no pueden leer la Biblia, porque ven confirmado su miedo, y eso las paraliza. Por otra parte, los temores saludables consisten en que el ser humano tome en serio su vida y no juegue con ella. La vida tiene un gran valor, y por eso debemos ser circunspectos y mantenernos vigilantes para poder vivir de manera auténtica y no fracasar ante nosotros mismos y ante Dios. A veces, si llevamos anteojeras y no queremos ver la realidad tal como es, la Biblia tiene que abrirnos los ojos con palabras tajantes.

¿Alguna vez ha tenido la muerte de una persona tanta trascendencia para usted que le ha movido a hacer determinadas cosas de manera deliberada?

■ La muerte de mi padre y de mi madre fue para mí una vivencia profunda que me llevó a fijarme de nuevo en las verdaderas raíces de mi vida. A pesar de todo mi agradecimiento por lo vivido, la despedida fue dolorosa. Pero, más allá del dolor, en mí surgió constantemente algo nuevo: la intuición de que los difuntos se convierten en acompañantes interiores, y que ahora yo puedo ser padre y madre para otras personas.

182

La fe cristiana espera la resurrección después de la muerte.
¿Debe tener el cristiano ideas concretas sobre el paraíso?

■ Por una parte, sabemos que todas nuestras ideas sobre la vida después de la muerte están mezcladas con proyecciones meramente humanas. Por otra, necesitamos imágenes. Como la teología rechazó todas las imágenes durante siglos, las personas se han vuelto a otras doctrinas; por ejemplo, a la doctrina de la reencarnación. La Biblia ofrece ideas concretas sobre la vida después de la muerte. Pero tenemos que saber siempre que son imágenes y que, en última instancia, está lo que dice Pablo: «lo que ni el ojo vio, ni el oído oyó, ni al corazón del hombre llegó, lo que Dios preparó para los que lo aman...» (1 Co 2,9).

Al hombre moderno le resulta difícil comprender la resurrección. ¿Cómo se le puede explicar hoy este misterio?

■ La resurrección tiene dos aspectos. Celebramos la resurrección de Jesucristo para resucitar ya aquí y ahora, y para siempre, del miedo a la confianza, de la resignación a la esperanza, del sepulcro a la vida. Y resurrección significa la vida que nos espera en la muerte. Aquí nos ayudan, por una parte, las doctrinas filosóficas sobre la inmortalidad del alma y, por otra, la esperanza bíblica de que no perderemos el amor de Dios. Si contemplamos la vida humana en términos filosóficos, como, por ejemplo, Karl Rahner o Ladislaus Boros, veremos que todas nuestras actitudes –el amor, la libertad, la alegría...– nos remiten, en definitiva, a una satisfacción plena. El filósofo francés Gabriel Marcel dice que amar significa decir a la persona amada: «Tú no has de morir». Quien ha experimentado el amor de Dios, confía en que ese amor le proteja también en la muerte. Y la muerte y la resurrección de Jesús nos proporcionan la certeza de que, como Jesús, en la muerte vamos a parar a las manos amorosas de Dios.

Usted ha escrito varios libros sobre los ángeles (Ángeles para el año *y* Cincuenta ángeles para el alma), *que sólo en el
ámbito de lengua alemana han tenido en muy poco tiempo
más de un millón de lectores. Son ángeles con nombres inu-
suales, pues no se llaman Rafael o Gabriel, ni tampoco
Arameel, Akebeeel o Ramuel, sino ángel de la ternura, ángel
del deseo, ángel del perdón, ángel de la alegría o ángel de la
paz. ¿Qué ángeles son ésos?*

■ Los dos libros sobre los ángeles que ha mencionado usted
son en realidad libros sobre la virtud. Lo que hago es relacio-
nar cada una de las virtudes con un ángel. El concepto de virtud remite a un deseo concreto: el ser humano desea algo que
dé sentido a su vida. Y aunque sabe que para ello necesita actitudes perfectamente definidas, no necesita luchar encarniza-
damente, en solitario, para conseguir esas actitudes, pues un
ángel del amor le acompaña y le lleva al amor. El ángel le pone en contacto con el potencial de amor que ya hay en él. A
veces escribo los nombres de los ángeles en fichas y pido a los
participantes de un cursillo o un seminario que extraigan una.
Y, sorprendentemente, sacan la ficha correspondiente al ángel
que necesitan, el ángel que les lleva a adoptar la actitud que
les hace falta en ese preciso momento para que su vida sea un
éxito. También podría expresarlo en términos teológicos.
Entonces diría: los ángeles expresan el aspecto de la gracia. Y
los ángeles tienen algo que hace pensar en el juego. No siempre hay que tomarse la vida tan en serio. Un ángel me acompaña y me pone en contacto con mis posibilidades interiores.
Pero, no en vano, el arte representa a los ángeles con alas.
Para hablar de los ángeles hay que flotar en el espacio. Si uno
quiere saber quiénes son y cómo son, escapan volando.

*Podemos preguntarnos a qué se debe, pero lo cierto es que,
según Allensbach, los ángeles aparecen constantemente en la
publicidad, en las doctrinas esotéricas, en el cine, en los po-*

emas y en las creencias de los seres humanos. Tal vez incluso en la doctrina conservadora sobre los ángeles. Cuando parecía que los ángeles habían abandonado la teología, usted llega, los descubre y los recupera. ¿Qué le ha dado alas para hacer una cosa así?

■ Cuando, a finales de los años sesenta, yo estudiaba teología, los ángeles no eran un tema que se estudiara. Hasta hace unos años, tampoco estaban muy presentes en mi vida espiritual. Naturalmente, yo celebraba la festividad de los arcángeles Miguel, Gabriel y Rafael. Y para mí era importante la frase de san Benito según la cual alabamos a Dios en presencia de los ángeles. La idea de ocuparme de los ángeles partió del Dr. Walter, de la editorial Herder. Me preguntó si quería escribir algo sobre los cincuenta ángeles para el año. Entonces, sencillamente, me senté y empecé a escribir. Está claro que los ángeles me dieron alas. Por descontado que he estudiado algunas cosas sobre ellos. He buscado en la tradición cristiana lo que el dogma dice sobre el tema. Los ángeles no son el centro de la fe, pero transmiten la imagen de un Dios amante del ser humano, un Dios que envía a sus ángeles para que nos acompañen. Y ellos nos muestran una imagen optimista del ser humano, pues cada ser humano puede ser un ángel para aquel al que consuela y ayuda a recuperarse.

Imagino que a usted le han preguntado más de una vez si existen realmente los ángeles. Y sus respuestas probablemente han sido muy variadas. ¿Qué contesta usted a unos y a otros: a los que dudan desde el primer momento y a los que creen a pies juntillas?

■ A pesar del seco lenguaje de la dogmática, yo contesto con la sobria máxima teológica: «Los ángeles son seres espirituales creados y potencias personales». Los ángeles no son personas individuales, sino potencias personales que me ayu-

185

dan a realizarme como persona. En cuanto seres creados, pueden ser percibidos o captados con los sentidos humanos. Ángel puede ser una persona que se acerca a mí en el momento justo. Ángel puede ser un impulso interior que me mueve a hacer esto o aquello. Los ángeles aparecen en sueños y me instruyen diciéndome qué camino debo seguir. Los ángeles pueden ser también experiencias iluminadoras. Y los ángeles se pueden percibir y experimentar en cuanto tales. Pero no se les puede retener, nadie puede disponer de ellos. Lo único que puedo hacer es pedir a Dios que me envíe un ángel para que me acompañe. Y puedo pedir a mi ángel custodio que extienda sus alas protectoras sobre mí.

Usted ha escrito sobre diversos ángeles. ¿A cuál de ellos tiene más aprecio y cuál de ellos le ha ayudado más?

■ Le estoy muy agradecido a mi ángel de la guarda por haberme protegido en muchos peligros, por ejemplo, en la carretera; pero también de los peligros que brotan de mi interior.

Usted dijo en cierta ocasión que el interés de la persona actual por los ángeles es expresión de su deseo de trascendencia. El deseo es una palabra clave que aparece en muchas de sus respuestas y que también recorre sus libros como un hilo conductor. Con esa palabra interpreta usted el comportamiento de muchas personas, pero también dice algo acerca de usted mismo.

■ Para mí, el deseo es de hecho una prueba de que Dios está en mi corazón. En el deseo salto por encima de este mundo. Gracias al deseo llevo en mí algo que trasciende este mundo, algo sagrado. Nadie lo puede aniquilar: «El deseo hace que las cosas florezcan» dice el poeta francés Marcel Proust. Cuando contemplo la vida con el deseo, ésta empieza a florecer. Entonces ya no tiene importancia si mi profesión, mis amistades o mi disposición interior satisfacen mis deseos. Sé que, en última instancia, sólo Dios puede satisfacer el deseo más profundo. Por eso el deseo me proporciona sosiego y paz interior. Lo cual no significa que no me implique en la mejora de mis condiciones de vida. Pero no estoy obsesionado por conseguir a la fuerza todo cuanto me atrae. Puedo trabajar con una actitud sosegada porque hay en mí algo que se impone a todo lo apariencial. Como mi trabajo y mis relaciones no tienen que satisfacer un deseo personal, pueden florecer y dar fruto. Puedo disfrutar con todo ello sin cargarlo con mi deseo. En última instancia, el deseo apunta a Dios. Aun así, también se muestra en el anhelo de tener un hogar y estar protegido, de tener vida y amor, libertad y amplitud, sinceridad y pureza. En todos esos deseos se manifiesta el deseo del Dios incomprensible e indecible que nos tiene preparado lo que ningún ojo vio y ningún oído oyó (véase 1 Co 2,9).

Si Anselm Grün fuera un ángel, ¿que mensaje le gustaría transmitir? ¿Qué diría a los seres humanos?

▪ Si tuviera que ser un ángel, me gustaría transmitir a los seres humanos la idea de que Dios los ama a todos sin limitaciones, que les proporciona la verdadera libertad y cura todas y cada una de sus heridas. Desearía animarlos asimismo a abrir sus corazones y dejar que entrara en ellos Dios con su amor. Desearía decirles también que no deben juzgarse a sí mismos, porque Dios los acepta tal como son y les ofrece el camino del arrepentimiento y la renovación. Y si siguen ese camino, su vida será una vida plenamente lograda.

Fechas en la vida de Anselm Grün

14.01.1945: Anselm Grün nace en Junkershausen in der Rhön.

1964: Obtiene el *Abitur* (bachillerato) en el centro de segunda enseñanza de Würzburg e ingresa en el noviciado de los benedictinos de Münsterschwarzach.

1965-1971: Estudia filosofía y teología en St. Ottilien y en Roma.

1974: Obtiene el título de doctor en teología con una tesis sobre Karl Rahner.

1974-1976: Estudia ciencias empresariales en Nürnberg.

1975: A raíz de una conferencia sobre la espiritualidad de los primeros monjes, pronunciada en el convento de Münsterschwarzach con motivo de un encuentro de miembros de la orden, publica su primer artículo sobre el tema «La pureza de corazón», que se publica en forma de libro en 1976.

1977: Es nombrado administrador del convento, cargo que ha venido desempeñando hasta hoy. Además, trabaja con grupos de jóvenes, pronuncia conferencias, escribe libros y colabora como acompañante espiritual en la casa de acogida para sacerdotes y monjes que atraviesan algún tipo de crisis.

1993: Aparece su primer libro, *Gebet als Begegnung* [La oración como encuentro], al que seguirán otros muchos. Hasta hoy, sus libros han sido traducidos a más de veintiocho idiomas.

2001-2002: Se redacta este libro, basado en una serie de conversaciones.

Casa paterna
de Anselm Grün
en Lochham,
cerca de Munich,
donde creció.

Los padres
de Anselm Grün
en sus bodas de plata
(1960).

A la izquierda,
Udo Küpper,
primo de Anselm Grün
y actual prior de la abadía
de Münsterschwarzach.
A la derecha, Anselm
con cinco años de edad
(1950).

El matrimonio Grün con cuatro de sus siete hijos.
Anselm, el más pequeño, en brazos de la madre.

El día de su primera
comunión con su primo
Udo Küpper (1955).

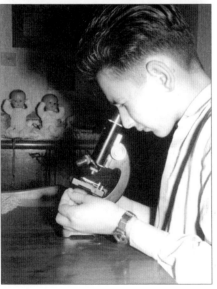

Como escolar, Anselm
Grün se sentía atraído
por las ciencias naturales.
Con el microscopio que
recibió como regalo
en las Navidades de 1959.

Durante una excursión en bicicleta con sus hermanos
por la zona de Pitztal (1961).

Con el balón en las manos.
Partido de baloncesto
en el instituto de Würzburg
(1962).

Durante una excursión con sus compañeros de internado (1959).
(Anselm es el cuarto por la derecha de la primera fila).

Con sus compañeros y dos profesores, tras obtener el título de
bachillerato. Anselm es el tercero de la derecha, primera fila.

En el noviciado (1964).

El día de la ordenación
sacerdotal (1971) por el
obispo Stangl de Würzburg
y el abad Bonifaz.

195

El día de su ordenación, con sus hermanos. De izquierda a derecha:
Peter, Michael, Anselm, Konrad y Elisabeth.

El día de su primera misa. De izquierda a derecha, la madre de
Anselm y sus hermanos Konrad y Elisabeth.

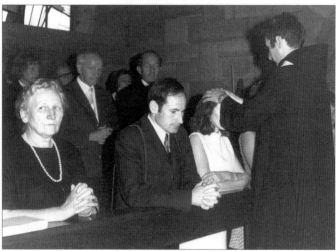

Celebrando la misa
con boy-scouts (1978).

Durante una excursión
con un grupo de jóvenes
(1984).

Con el abad primado Rembert Weakland el día de su ordenación
como subdiácono en Subiaco (1969).

En tierras de los Masai, en Tanzania, donde Anselm Grün dirigió unos ejercicios para sus hermanos benedictinos (1981).

Anselm Grün con un niño masai.

Con otro niño durante su estancia en Tanzania (1981).

Celebrando una boda (1990).

Firmando ejemplares de sus libros después de pronunciar una conferencia en Bad Herrenalb (1999).

Durante una conferencia (2000).

Anselm Grün en 1998.

Después de pronunciar una conferencia en Bochum (1989).

Sosteniendo en brazos a un niño al que acaba de bautizar
(1990).

Celebrando un bautismo en el lago Staffel (2001).